DIÁRIO DO DESESQUECIMENTO
PARTE I
INQUIETÁVEL DESPERTAR

LEANDRO PARISI

DIÁRIO DO DESESQUECIMENTO
PARTE I
INQUIETÁVEL DESPERTAR

crivo

Diário do desesquecimento – Inquietável despertar © Leandro Parisi 02/2024
Edição © Crivo Editorial 02/2024

EDIÇÃO E REVISÃO: Amanda Bruno de Mello
CAPA: Larissa Carvalho Mazzoni
IMAGEM DA CAPA: GLAUCUS NOIA
PROJETO GRÁFICO E DIAGRAMAÇÃO: Larissa Carvalho Mazzoni
COORDENAÇÃO EDITORIAL: Lucas Maroca de Castro

Dados Internacionais de Catalogação na Publicação (CIP) de acordo com ISBD

P234d   Parisi, Leandro.
     Diário do desesquecimento [manuscrito]: inquietável despertar/ Leandro Parisi. 1. ed. – Belo Horizonte : Crivo, 2024.
     160p .: 14 cmx21 cm.

     ISBN: 978-65-89032-69-4

     1. Literatura brasileira. 2. Ficção brasileira . 3. Emoções. I. Título.

     CDD B869.3
     CD   869,0(81)-3

Elaborado por Alessandra Oliveira Pereira CRB-6/2616
Índice para catálogo sistemático:
1. CDD B869.3
2. CDU 869.0(81)-3

Crivo Editorial
Rua Fernandes Tourinho, 602, sala 502
30.112-000 - Funcionários - Belo Horizonte - MG

- www.crivoeditorial.com.br
- contato@crivoeditorial.com.br
- facebook.com/crivoeditorial
- instagram.com/crivoeditorial
- crivo-editorial.lojaintegrada.com.br

Sinceramente eu não gosto dessas páginas de agradecimento, normalmente nem sei quem são as pessoas para as quais o autor está dedicando o livro. Então aqui vão as pessoas para as quais eu dedico esse livro e que você talvez não conheça.

Meu pai, minha mãe.

A querida equipe que fez isso possível: Amanda Bruno, Sofia Sepúlveda, Manoela Lages, Glaucus Noia, Lucas Maroca, Lua Vicentini.

E a tantos outros grandes amigos e familiares (favor não se sinta mal caso não seja citado aqui, mas estou citando principalmente aqueles que de alguma forma deram inputs durante a criação do livro): Rafael Sanches, Maria Luisa Magalhães, Carlos Belisário, Arthur Vargas, Alexandre Alphonsos (vulgo paçoca), Torzin Mota, Hanna Araújo, Arthur Belisário.

E àqueles que sempre acreditaram em meu potencial, para citar alguns (mas existem outros tantos): Christian Belisário, Núbia Ferraz, Heraldo Belisário, Amanda Rosa, Tiago Flores, José Carlos.

SUMÁRIO

PRELÚDIO:
< Hello World! /> 9

PARTE 1:
Sexo, drogas e 21
INTERLÚDIO:
Atualidade quase Cyberpunk 33
MEMÓRIAS:
crianças e suas viagens 43
INTERLÚDIO:
Maravilha 63

PARTE 2:
Enjoos e vertigens 69

PARTE 3:
Emancipação 93
INTERLÚDIO:
Anestesias e vertigens... 115
INTERLÚDIO:
Os palcos e as telas 125
MEMÓRIAS:
A origem do tesão 129

EPÍLOGO:
Os outros 149
CODA:
Memória 155

PRELÚDIO

< Hello World! />

Olá,
Meu nome é Antônio e eu...
Bem, eu sou alguém como você, alguém que já viveu alguns sonhos, algumas maravilhas, alguns temores e que aprendeu a delícia e a angústia da Vertigem...
Sabe, eu sempre gostei de escrever, sempre escrevi para mim. Por um tempo tive um diário, depois o deixei de lado... mas sempre gostei daquela música do Toquinho, sabe?
"Sou eu que vou seguir você
Do primeiro rabisco até o be-a-bá..."
Sempre vi algo muito bonito na escrita, uma forma de registrar nossas memórias, nossas vivências... mas nunca havia pensado em fazer escritos que pudessem ser lidos por outros, inicialmente eram somente para mim.
Um dia, terminei de ler um livro de Milan Kundera e escrevi um pequeno trecho refletindo sobre alguns de seus conceitos... Ao finalizar o texto, o li...

RELI...

E PENSEI:

SERÁ QUE ISSO PODE SE TORNAR UMA HISTÓRIA?

Bem, eu até tentei, mas não sou muito bom em criar histórias, então pensei:

"Qual história é melhor do que a nossa própria??"

Afinal de contas, se não formos nós a nos lembrarmos de nós mesmos, quem é que o fará??

Então eu decidi escrever este livro. Hoje já estou mais velho, já vivi muita coisa, mas lembro com carinho dos momentos que vou descrever nas próximas páginas... eu criei este livro não só para contar minha história, mas, principalmente, para trazer reflexões sobre minhas próprias vivências, que, tenho certeza, serão válidas para você de alguma forma...

Você já pulou de uma cachoeira?

Quais sensações sentiu?

Sabe o que é isso?

Para mim é o medo...
...mas ao mesmo tempo o encanto se deixar c
                                                  a
                                                   i
                                                      r.

Isso é algo fantástico...

Você sabia que as crianças têm esta brincadeira?

Se deixa cair.

Para qualquer lado.
E as outras crianças têm que segurá-la.

Ela normalmente tem medo de fazer isso, mas também sente um desejo quase que tribal de se soltar...

É o desejo de nos jogarmos....
    nos jogarmos em experiências...
        em situações que atraem nosso subconsciente
           Isso é a...

    Vertigem...

                        Vertigem...
          Medo de cair...

                                      ...não

        Voz do vazio abaixo de nós...
            Nos atrai e nos envolve

    Desejo da queda...
             Do qual...
                     Aterrorizados
                         Nos defendemos

Me pego pensando no que Milan Kundera quis dizer ao descrever a Vertigem em tais palavras.

Seria ela como uma sereia, que nos seduz para depois nos devorar?

Seria nosso desejo mais profundo, nosso trauma mais remoto tentando se libertar?

Seria aquele envolvente terror que sentimos quando tentamos nos distanciar dela escalando o precipício que a separa de nossa vida comum?

De vez em quando tenho uma estranha sensação, uma imagem me vem em mente: uma rua suja, silenciosa, com jovens encapuzados, decadência, autonomia, me lembro de Nirvana e parece ser a trilha sonora ideal para tal imagem. Tenho uma sensação boa, sinto o desejo de percorrer tais ruas sujas, de viver tal marginalidade.

Seria isso a Vertigem? Seria isso a voz do vazio abaixo de mim que canta através de um filme, de uma foto, de uma imagem? Seria isso a mesma Vertigem que fez com que Sabina brincasse, leve, insuportavelmente leve, entre uma traição e outra? Será a Vertigem a marca de nossa fraqueza? Se sim, por que, mesmo conscientes disso, nos entregamos a ela? Ou será simplesmente uma imagem... um sonho?

◊

Meus pés, nus, pisoteiam cocurutos de pedras ao longo da trilha. Eu estava sozinho, todo mundo já estava lá na frente. Demorei tentando colocar para fora toda a merda, tudo o que eu tinha comido naqueles últimos dias de caminhada e que, devido ao constante movimento das pernas e do abdômen, não chegou a se acomodar por muito tempo no intestino. Me vejo de novo naquela imagem que já pintei tantas vezes na cachola: um caminho se estendendo à frente e atrás, meus pés pisando em areia fina, como em um deserto, eu sozinho, sem pressa e sem a presença de nenhum de meus companheiros que pudesse trazer assunto qualquer ou que acelerasse o passo, puxando um ritmo mais rápido ou mais lento que o andamento hipnótico das minhas pernas, me obrigando a fazer força para controlá-las, um esforço mental que eu não gosto de ter nessas horas, ele me dificulta o pensamento.

Nesses momentos, me parece que a leveza vem de meus pés e percorre o caminho inverso em meu sistema nervoso, não é a cabeça que comanda o corpo ao relaxamento, e sim o corpo que induz a mente a seu estado de contemplação.

Talvez essa sensação seja próxima à morte, pois dizem que, diante da morte, sua vida se desenrola à sua frente: é isso que acontece na minha cabeça sempre que os pés assumem o controle.

◊

Qual a memória marcante mais atual que você tem da vida?
Qual a primeira vez que sentiu amor?
A primeira vez que sentiu tristeza?
A primeira vez que sentiu maravilha?

Apesar de, volta e meia, meu pensamento vagar nas memórias do meu primeiro amor - aaah, o primeiro amor... todos tivemos um, né? - e em outros momentos mais marcantes da minha pré-adolescência. Venho pensando muito sobre os últimos anos. Tenho arrependimentos, culpas. Mas também gosto de jogar um jogo com essas memórias: um jogo matemático cujo objetivo é achar a lógica e as relações por trás dos recentes eventos:

(
Quando foi isso, hein??
)

Deve ter sido naquela viagem que fiz com minha família. Eu andava por uma viela de alguma cidade do outro lado do oceano. Lojas, claramente feitas para turistas, se estendem de ambos os lados, a maioria de um visual retrô que me evoca a nostalgia de uma Europa antiga, mas ao mesmo tempo demonstra toda a modernidade "cult" e "clean" de uma Europa que parece o símbolo da boa vida. Imagino que muitos já tenham sentido essa sensação, me parece algo propositalmente produzido a fim de causar esse efeito.

Meus pés estão distraídos com o chão irregular de paralelepípedos. Os olhos, anestesiados em meio a um mundo tão diferente, mal percebem que a rua se abre em uma pequena praça onde tantas outras vielas deságuam. No meio da praça, pintores, músicos e artesãos criam um mundo à parte, uma atmosfera na qual o tempo parece se diluir, se estender, se rarefazer e,

por fim,
                se paralisar.

Quando andava naquele deserto, tão longe desta memória, tão longe deste momento, anos à frente deste instante, me via mais uma vez em um mundo no qual o tempo parecia diluído. Mas, como um camelo, caminhava com peso, não só do corpo, mas também da mente, buscava a liberdade que ainda não era clara para mim, buscava meu lugar no mundo.

Tantas vezes já evoquei, relembrei, revivi aquela viagem à Europa que não consigo mais distinguir o real do imaginário, o romance do palpável, a leveza do peso.

Às vezes me pego pensando se não fantasiei demais tudo o que vivi, se não criei um ideal de vida inatingível a partir de uma experiência trivial de uma viagem.

◊

    Deve ter começado por volta dos meus 15 anos, eu sentia um grande desconforto ao ficar em casa, com toda aquela impessoalidade, todo o distanciamento. Léguas pareciam existir entre as mentes e os corpos que estavam tão próximos. E ainda tinha aquela tela constantemente acesa, e o zumbido incessante dos fios elétricos que a alimentavam. Logo de manhã, durante o café, ela já projetava seu carnaval grotesco de cores sobre a mesa, sobre os rostos daquela... família? Era assim que a gente costumava se chamar, né?...

◊

    — Bom dia, Brasil! Veja os destaques do jornal de hoje!
    ... família: essas pessoas que, silenciosamente, mastigavam e engoliam pensando, solitárias, nos problemas e nas maravilhas com os quais dormimos no dia anterior...
    — Homem é morto a facadas pela mulher com a qual era casado há cinco anos. Casal de adolescentes é preso acusado de tráfico de drogas!
    ... contas a pagar, trabalhos a entregar, traumas a superar, dúvidas, medos, sonhos, prazeres...
    — Chuva destrói casas e desabriga 30 famílias no interior do Mato Grosso. Essas e muito mais notícias você vê hoje no Jornal Nacional!
    ... sem nos darmos conta de que, além do mundo particular ao qual cada um se dedicava tão obstinadamente, tão solitariamente, existia algo a mais: uma realidade externa, real, palpável, com a qual não nos preocupávamos e que tomava formas cada vez mais distantes da que existia na cabeça de cada um.

    Um mundo tão mais estranho do que compartilhado.

    Mundo esse que, para mim, não tinha outra face senão a da tela multicolorida e não outra voz senão aquele zumbido ensurdecedoramente silencioso.

— Essas foram as notícias de hoje. Tenham um bom dia e até amanhã! A gente se vê por aqui!

...

◊

— Caramba... foi foda dormir contigo hoje, teve algum pesadelo? — Foi a primeira coisa que ela me disse quando acordou nua depois de noite insone ao meu lado.

— Me desculpe, a cama é pequena demais para nós dois — respondi, mesmo sabendo que o tanto que me mexi naquela noite não se explica somente pela cama de solteiro estreita, mas também pela inquietação que me batia sempre que dormia com ela.

Estamos juntos há aproximadamente dois meses, mas a maneira como a enxergava já havia mudado algumas vezes. No início, um fascínio, um desejo insaciável de entender quem era aquela garota que se viu trilhando uma estrada de tijolos amarelos com enorme sorriso no rosto. Algum tempo depois, fiquei assustado com a ideia de simbiose que li em um livro tempos atrás: fusão de dois seres; perda de identidade. Ideia que, no passado, chamei de "alma gêmea", mas que hoje tem um significado menos romântico e mais febril. E, por fim, ao passar aquela noite me remexendo ao lado dela na cama talvez não tenha percebido que minha simbiose havia virado aversão, e a leveza... peso.

◊

"Insustentável leveza do ser", foi o que disse Milan Kundera. Um título que nos causa inquietação, pois a leveza vem diretamente associada ao seu antagonista. Talvez, se disséssemos algo como "o peso etéreo do ser", estaríamos mostrando a mesma imagem, só que às avessas.

É curioso como vivemos em um mundo de dualidades: feio/bonito; feliz/triste; preto/branco; humano/máquina; leve/pesado. E como, às vezes, sem nos darmos conta, quando aprendemos uma palavra nova, buscamos qual seria a sua antagonista e classificamos uma como boa e a outra como ruim. Esse processo chega a ser até uma técnica de ensino, talvez alguém já tenha perguntado ao professor algo como: "O que é a paz?". E ele, ao invés de falar, simplesmente escreveu no quadro:

Paz ≠ Guerra

Será a paz o exato oposto da guerra ou não haveria nela uma certa "conflituosa paz do ser?"

Paz...
Talvez seja uma maneira boa de descrever o que me tocou naquele momento em que caminhava sozinho. Mas se – pela lógica da insustentável leveza – sabemos que os opostos não são sempre perfeitamente antagônicos, então há de se duvidar do nirvana, há de se esperar que, por trás daquela paz, haja guerra...
conflito...

PARTE 01

Sexo, drogas e...

Três anos atrás, eu passava pelo fim da adolescência, sabe... aquela parte da vida em que ficamos um pouco confusos e começamos a descobrir quem somos? Alguns dizem que é o primeiro grande conflito da vida de alguém. Isso me lembra a *Insustentável leveza* e me faz pensar em como as dualidades são, de certa forma, inseparáveis.

– Passa a bola, Toninho – Essa era a maneira de me pedirem o pequeno cigarro enrolado com cuidado que eu tinha nas mãos.

Éramos três amigos na cobertura de um prédio da Asa Norte de Brasília, nos reuníamos ali de vez em quando para ver um filme, jogar jogos de tabuleiro e fumar maconha.

– Estou tendo uma viagem dentro de uma viagem de novo – eu disse enquanto brincava de jogar a cabeça para trás com o pescoço e para a frente com as mãos para sentir aquele movimento que parecia velozmente lento.

Os outros dois amigos me olharam com aquele mesmo olhar de desaprovação que me ofereciam sempre que minha cabeça ia longe demais.

– Lá vem você de novo com essa história da viagem dentro da viagem! Sai dessa, cara! – quem falava era a garota; pequena, de cabelos pretos amarrados em um rabo de cavalo, como era de costume, e grandes peitos que cresceram tanto nos últimos tempos que eu às vezes me assustava ao perceber que eram maiores do que eu lembrava.

– Já sei!! Já sei! Você tá tendo uma viagem dentro da viagem, dentro da viagem! – Esse era o garoto, amigo antigo, com quem eu já havia tido muita paz e muita guerra, alguém estranhamente diferente de mim, mas ao mesmo tempo um tanto parecido. Tinha cabelo curto não fosse pelo pequeno rabinho que lhe descia pelo centro da nuca até a base do pescoço, uma volumosa barba, era alto e consideravelmente magro, possuía um pau maior do que a média e talvez por isso gostava de receber os amigos e amigas em casa com uma samba-canção preta que delineava o tamanho do seu caralho.

A noite se estendeu como de costume;
    Algumas horas de conversa
        Alguns tragos a mais

    Um pouco mais de conversa, diversos assuntos:
      Filmes   Músicas   Sexo
          Jogos   Mulheres   Viagens

Larica... preparada cuidadosamente na organizada cozinha do apartamento. Tínhamos também alguns doces de diversos tipos para saciar a vontade de açúcar despertada pela erva.

A certa hora da madrugada, quando eu já estava bem doidão, voltei à minha brincadeira de jogar a cabeça para a frente e para trás. De olhos fechados, curtindo minha onda. Abri os olhos. Via minha amiga sentada, com as pernas e o zíper da calça abertos, uma mão por dentro da sua calcinha realizava movimentos circulares estampados prazerosamente em seu rosto, que ia de um lado a outro em silenciosos gemidos. Em pé, por trás dos ombros da garota, estava o amigo que há pouco havia bolado um beck para fumarmos, uma mão por dentro da calcinha, a outra massageando lentamente a nuca da menina.

Sem sentir nenhum sinal de excitação, fechei novamente os olhos e fingi continuar pingue-pongueando a cabeça. Um pouco perdido entre minhas viagens e a realidade dos meus olhos, não tinha certeza se tinha visto aquilo, só sei que no fim da noite as memórias já estavam todas nebulosas.

◊

Bem, não sei o que quer dizer, para você, se tornar um jovem adulto... mas, para mim, foi começar a ter minhas próprias visões de mundo. Isso começou a rolar quando eu tinha por volta de 17 anos. Agora estava com 19, tinha terminado o ensino médio – ooh sofrimento, viu, esse tal de ensino médio, sistema quase falido... – e começava a buscar meu caminho.

Volta e meia eu gostava de me sentar em um banco de praça, como muito fiz no passado. E pensar. Pensar no que havia vivido: meus erros e acertos de adolescente; minhas paixões; ilusões; convicções; rebeliões; tréguas.

Eu percebia que eu estava mudando, mas não sabia me posicionar ainda. Havia começado a deixar quem eu era de lado para me adequar ao que eu acreditava que as outras pessoas esperavam de mim. Eu estava triste, estava confuso. Havia vencido a adolescência, queria assumir quem eu realmente queria ser. Era difícil. Faltava coragem. E, se não fossem os bancos de praças e os bons amigos, talvez não tivesse percebido a metamorfose pela qual precisava passar.

"Toninho...

você parece não ser mais você"

Foi isso que uma grande amiga me falou um dia. Isso me marcou. Ela conhecia minha essência como poucos conheciam. Sou grato a ela por ter me dito isso.

Enfim...

Havia muitas coisas das quais me orgulhava: a maneira como aprendi a ver o mundo, a autenticidade que acreditava ter, os sonhos que cultivava em meu íntimo, as 'coisas erradas' que havia feito. Lembro de ter invadido, à noite, a escola na qual estudava e na qual me sentia preso, e de ter pichado na quadra: "A escola que ensina a pensar" e "Pensar não é submeter-se às regras do jogo", acompanhado de um sinal de cifrão: "$". Foi uma maneira de viver a emoção da juventude apaixonada que tanto vi em filmes como "The Edukators" ou "Na natureza selvagem". Não que me orgulhe disso hoje em dia, mas acho que foi bem legal aquela sensação de perigo, heheh.

Mas havia tantas outras coisas das quais me arrependia. A principal era a maneira como entendia sexo, amor, relação homem-mulher. Gostava de me considerar uma pessoa descolada: não me constrangia com assuntos sexuais muitas vezes tidos como tabu, já havia fumado maconha, participava de festas nas quais dois casais se trancavam e faziam outra festa. Mas, quando me via em uma situação na qual não podia mais me esconder por trás da imagem do libertino como alguns me enxergavam, era tão tapado e romântico como é de se esperar de um garoto ou de uma garota padrão que acredita demais nas histórias da Disney ou nas novelas da Globo. E um tanto quanto confuso entre os valores do berço e a deliciosa sujeira do mundo real.

Aos 15 anos, tive meu primeiro amor, uma amiga de um amigo meu que, além de parecer o estereótipo da garota bobinha e fofa que via nos romances de desenhos animados japoneses e filmes, tinha um belo rosto e um belo corpo. E, diferentemente do que as histórias da Disney me levavam a crer, com certeza foi mais que sua "beleza interior" que me atraiu.

Vivi com ela um pequeno caso...

Me lembro...
... de ter me apaixonado por ela,
aquele típico amor tímido de um adolescente romântico.

Me lembro...
... de não conseguir conversar com ela, pois me sentia ansioso sempre que estava ao seu lado, e...
... por isso tentava compensar com a visão do libertino que os outros tinham de mim.

Me lembro...
... de ter tido com ela uma conexão que tive com poucas pessoas, algo cujo significado descobriria mais tarde. E ela também, creio eu.

Me lembro de criar em minha cabeça uma história com início, meio e fim para nós dois.

Mas não me lembro quanto tempo ficamos juntos, tempo que, com certeza, foi menor do que o tempo que demorei para que parasse de pensar nela como a "mulher da minha vida" e de gostar de sofrer por isso.

Gostar de sofrer por algo, talvez tenha herdado isso de meus pais; ou, talvez, tenha levado muito a sério as músicas que ouvi na pré-adolescência, esse foi o momento mais recente no qual lembro de ter feito muitas descobertas sobre mim mesmo.

Meus pais eram pessoas muito diferentes, mas que tinham algumas similaridades; eram pessoas excêntricas, únicas, para o bem e para o mal. Ensinaram a mim e aos outros filhos a sermos honestos, autênticos e justos. Mas também nos ensinaram, mesmo que sem querer, a nos subjugar, a deixar o outro montar nas nossas costas e a sofrer por isso.

Ao mesmo tempo que nos criavam de forma a dar o melhor que podiam em termos materiais e afetivos – sendo que o primeiro, para eles, era um sacrifício –, também se esqueciam, pouco a pouco, quem eram e quais eram seus sonhos, talvez por não ter muito tempo para se dedicar a eles.

Não demorou muito para que eles não tivessem mais tanta coisa a nos dar. Ou era a gente que simplesmente não se importava tanto com o que eles tinham para nos oferecer, e eles, por sua vez, haviam esquecido até suas opiniões perante o mundo. Isso os levou, inconscientemente, a proclamar suas crenças e expectativas de mundo através das nossas vozes para tentar se colocar como observadores de si mesmos e assim, talvez, se lembrarem que tais opiniões eram deles. Esse comportamento fez, muitas vezes, com que a gente também começasse a esquecer certos aspectos de nossa personalidade e colocar o que eles nos ofereciam no lugar.

Essa era a Vertigem de nossos pais, a simbiose. Fazer dois corpos ocuparem o espaço de um só.

... ou, talvez...

Eu simplesmente tenha escutado muita música gótica na pré-adolescência.

Ou,
Quem sabe...
Ambos.

◊

Você se lembra da história da cobertura? Pois bem, alguns dias depois, acordei mais cedo do que de costume, às 5h20, para ser exato.

Minha cama fica no canto de um quarto que fica no segundo andar de um prédio que fica no mesmo bairro da cobertura do meu amigo da samba-canção, que fica a maioria dos dias em casa fumando maconha.

Bem, ainda está escuro, é aquele momento da madrugada no qual eu sinto um prazer quase nostálgico quando olho a aquarela da luz que entra pela janela nestes últimos minutos entre a noite e o dia.

Em momentos como esse é como se eu esquecesse

... por um instante...

o tempo.

É como se me permitisse deixar de lado a ilusão temporal criada pelos ponteiros do relógio que insistem, ao se cruzarem em cima do número 12, em ditar que, naquele momento, devemos marcar o próximo número na primeira casa do nosso calendário.

Se estivesse em um dos acampamentos que gostava de fazer com alguns amigos nos Arcos do Planalto, provavelmente faria uma caminhada para observar a mudança das cores ao redor, mas em casa só havia uma coisa que pensava em fazer quando acordava tão cedo: ligar o computador.

Sentei em frente à tela. ⏻. Luminosidade maquinal me encharcou o rosto e os olhos, que buscaram se adaptar a ela.

Selecione o usuário. Senha. *Enter*. Iniciando.

O ícone se chamava *League of Legends*, um jogo online que costumava jogar, às vezes com amigos, muitas vezes sem eles.

Launch. Login. Senha. Duelo 5 x 5. Aguardando jogadores... Selecione seu campeão. Partida iniciando em 20 ... 13 ... 5 ... 3 ...

— Bem-vindo à arena dos invocadores! — uma voz feminina humanamente expressiva e sedutora me sussurrou por dentro dos fones que ligavam os ouvidos ao conector metálico dentro do notebook.

Passei mais ou menos duas horas ali, lutando na arena dos invocadores, tendo como única companheira quase real aquela voz que volta e meia me sussurrava ao ouvido, narrando as boas jogadas realizadas pelos jogadores, até o momento em que minha mãe acordou, às 7h30, como de costume.

— Ué, você não dormiu? — Minha mãe abria a porta que separava a sala de estar da sala de jantar e via o filho sentado em frente ao computador.

— Dormi, acabei de acordar — respondi, alguns segundos depois do tempo de resposta esperado para uma pergunta com aquele grau de complexidade. Mas a resposta foi exatamente a esperada, a que ela recebia sempre que me fazia tal pergunta, tendo eu realmente acabado de acordar ou não.

Ela atravessou a sala, entrou na cozinha e começou a preparar o café da manhã, do qual tive a primeira notícia alguns minutos depois, ao me dar conta do barulho do bule de água que fervia já há uns dois minutos.

Um por um, o resto da casa foi acordando. Primeiro o cachorro, com o rabo de um lado para o outro, passou por mim, mal notando seu dono, como era de costume sempre que me concentrava demais na tela. Depois papai, sempre calado e um tanto quanto distante, com seu bom-dia mais voltado para si mesmo do que para o outro. E então aquela canção calma vinda de dentro do quarto do meu irmão, uma, duas, três vezes, sempre terminando no mesmo momento e iniciando novamente após 15 minutos, nos quais o aparelho que a conduzia tirava uma soneca. E, por fim, quando o ouvido atento já era capaz de antecipar seu próximo começo, eis que ele não vem. O aparelho não toca novamente e Alex abre a porta da sala em direção à cozinha, com os olhos anuviados e sonolentos.

Eu não queria ter que me levantar da cadeira... mas tinha que me sentar à mesa da cozinha com eles. Com a minha família, aquelas quatro pessoas que viviam em universos tão diferentes, que mastigavam e engoliam silenciosamente enquanto pensavam, solitariamente, nas maravilhas e nos problemas com os quais dormiram na noite anterior.

São 15 horas do mesmo dia. Cheguei do cursinho. Me sentei ao computador. Estava ansioso para entrar novamente na arena, meu coração palpitava um pouco. Me juntei a nove desconhecidos em batalha virtual permeada de alguns xingamentos mutuamente trocados: "Seu noob!!"; "Para de morrer, FDP"; "Lixo!" "Se mata!"; "Para de jogar essa merda, seu cotoco!".
Passei ali tantas horas que nem sei mais. Só sei que o sol virou a curva do horizonte. E eu não curti essa visão que, em minhas idas aos planaltos, era tão cara quanto a luz da madrugada.
Eis que, naquele torpor em que eu estava, mal percebi que a mesma cena de mais cedo se desenrolou na minha frente. O primeiro dessa vez foi Alex:
Abriu a porta do apartamento,

foi até a cozinha,

passou na minha frente com um tímido "boa noite"
e, por fim, abriu a porta da sala de estar e desapareceu no interior do apartamento.

Então o pai:
        Abre a porta,
   vai à cozinha,
atravessa a sala,
        me cumprimenta,
   abre a porta.

A mãe:
Porta   cozinha

"boa noite" porta.

As três cenas, quase idênticas àquelas presenciadas de manhã, só que às avessas, e eu ali sentado, compenetrado no jogo, observava aquilo como um espectador. E a mente, àquela altura semialerta, somente percebia a repetição, o eco, a sombra do que percebera de manhã.

No dia seguinte a mesma coisa: de manhã a cena, a noite o eco. E no dia após o seguinte...

... Dizem que a repetição gera monotonia, a monotonia, tédio, e o tédio... pode gerar apatia:

Anestesia

    Sonolência

        Falta de atenção

            Silêncio...

Eis que, por fim, como um fractal, aquilo que se vê no macro se repete no micro, e aquela cena começa a emprestar a cada um de seus próprios aspectos a aparência do eco:

A porta se abrindo

        Os passos pela sala

    O "boa-noite"

        Até os protagonistas se tornam ecos....

    Sombras de si mesmos.

◊

Ahhh... os bancos de praça, como me eram caros... como eu gostava deles. Por que será que recentemente eu não tenho mais sentado neles?

Nesse dia eu me lembro de ter sentado em um banco de praça enquanto esperava a hora de me encontrar com alguns amigos. Era noite, a praça estava escura e silenciosa.

E teve algo naquele dia, naquela praça, que se fixou na minha mente... Foi uma imagem que, de início, vi ao longe, e não sabia exatamente o que era.

Um ser médio, de quatro patas, andando ao lado de uma mulher. Mas tinha uma forma diferente de tudo o que eu já havia visto. Seu lombo parecia ter duas corcundas, como um camelo, mas era muito pequeno para um camelo... aquilo me deixou confuso.

Mas, quando eles chegaram mais perto de mim, eu percebi. Era um cachorro que tinha nas costas dois alforjes, tipo umas bolsinhas, sabe? Que deviam ter seus brinquedos, ou sua ração.

Achei aquilo engraçado, lembro de ter feito uma brincadeira na minha cabeça: "Um cãomelo", pensei.

Fiquei observando o cãomelo e sua dona, ele parecia tão feliz, tão completo ao lado dela. Parecia que ela era tudo de que ele precisava. Tive a impressão de que era, inclusive, treinado, pois ela lhe dava alguns comandos e ele obedecia.

Comecei a me perguntar, então, como seria ser um cachorro, sabe? Aquela famosa brincadeira: "Ser cachorro deve ser muito bom, você não tem que se preocupar com nada...".

E realmente é assim, quando se é um cachorro você tem um dono que te dá o caminho a seguir, te ensina como se portar e, se você for esperto, aprende rápido. E você é completo quando está com seu tutor. Não tem que se preocupar com muita coisa a não ser comer, beber, se divertir e seguir ordens.

Seguir ordens.   .   .   .

Mas e se, um dia, seu dono morrer ou sumir?

Talvez pudesse ser feliz novamente se achasse outro dono. Mas será que você seria capaz de ser feliz por si mesmo?

Será que ia conseguir caminhar nas assombrosas ruas da cidade sem um dono que te dê ordens?

Foi com esse pensamento que me levantei do banco e fui em busca de meus amigos... me questionando se eu mesmo não era, por vezes, um cachorro.

Era noite, noite de final de semana, um daqueles dias nos quais a cidade se enche de luzes e pessoas, cada esquina que abriga um bar se vê repleta de mesas, rodeadas de cadeiras preenchidas por humanos.

Quantos litros de cerveja são consumidos em bares de uma capital em um sábado rotineiro?

Eu adorava me fazer essas perguntas hipotéticas. Nesse caso, a brincadeira era tentar imaginar a dimensão da garrafa que seria necessária para abrigar tamanha quantidade caso as bebidas de cada copo, de cada mesa, de cada bar, de cada bairro daquela cidade, ao serem ingeridas, fossem parar nesse recipiente imaginário ao invés de no estômago de quem virava os copos.

Estava pensando nisso enquanto descia uma rua a uns cinco quarteirões da praça em direção ao bairro boêmio mais próximo, onde alguns amigos esperavam sentados no bar, quando, do nada!, escutei uma mulher:

– Ô gostoso!!!

A princípio não sabia se era para mim, mas então veio um segundo chamado:

– Ô gatinho! Vem cá!

Vi um carro preto parado a uns oito metros de onde eu estava, com quatro gatas dentro dele. Fiquei com vergonha. Parei. Fingi pegar uma parada na mochila. Abri. Enfiei a mão entre os zíperes. Remexi um pouco lá dentro. Tirei a mão. Levei à testa. Fiz uma cara de preocupado. Tentei criar uma farsa: havia esquecido algo em casa e teria que voltar para pegar, mesmo não sabendo o que era. Voltei e comecei a subir a rua na direção oposta ao carro. Andei meio quarteirão. Vi que as jovens desistiram e seguiram seu caminho. Dei meia-volta de novo, de volta ao rumo que me levaria à mesa de bar.

Estava quase no fim da esquina. O mesmo carro passou por mim. Buzinou. Parou alguns metros na minha frente. Senti um frio na barriga. Aquela sensação típica de quando me via cara a cara com uma mulher que me despertava interesse. Parei. Esperei. Mais uma buzinada sem resposta foi o suficiente. O carro se foi, me livrando da assustadora possibilidade de encarar uma mulher que me desejasse.

INTERLÚDIO

Atualidade quase Cyberpunk

Quantos anos você tem?
Em que ano nasceu?
De qual geração faz parte?

X...   Baby Boomer...

        Millenials...   Y gen?

Ao ouvir aquele assovio "Xchu, Xchu, Xchi, Xchi, Xchu" (foi mal, nunca fui muito bom em transcrever onomatopeias), você corre a mão no bolso em busca de seu smartphone? Às vezes para ler a mensagem, às vezes para ter certeza de que ela está ali, à sua espera?

"Olá, bom dia!!"

"Boa noite, meu amor!!"

"Olha esse vídeo, que fofo!"

"Gente, alguém sabe que dia é a festa surpresa da Tininha?"

"Muito obrigado pela informação!"

:)

"XXX"

Lida Hoje 14:24

"Você está aí?"

"Que saudade!"

Pois bem, bem-vindo ao mundo moderno. O mundo conectado, a mente que trabalha com o auxílio da RAM.

Não me leve a mal, eu não estou aqui para lhe dizer o quanto o mundo sem a internet era melhor, ou o quanto as pessoas tinham trocas mais sinceras, ou tentar te convencer a deletar seu TikTok, seu Instagram, ou seja lá qual for a rede social do momento enquanto você está lendo este livro, pois está viciado no *scroll down*.

Venho lhe dar as boas-vindas! Bem-vindo ao mundo moderno! Bem-vindo à era que provavelmente entrará nos livros de história das escolas, se é que já não entrou, com algum título como "A Revolução Cibernética"; ou "O Advento da Internet".

E, caso sua resposta para a minha primeira pergunta deste interlúdio seja um número com o dígito 3 na casa da dezena, no máximo; se sua data de nascimento é 198x, 199x ou, principalmente, 20xx, então você provavelmente faz parte de uma geração que nasceu com a internet, que aprendeu com a internet e que tem grande parte de sua vida ligada à internet.

Creio que sua cabeça funcione de modo bem diferente da dos seus pais, dos seus avós, de qualquer pessoa nascida nos anos 1970. Diferente até da minha, caso você tenha nascido depois dos anos 2000. Eu nasci em 1990, sou quase um velho dentro dos padrões banda larga de nosso mundo. Até banda larga já é uma palavra velha para os padrões 4G de nosso mundo... e o 5G está aí!

Ouso dizer que você é uma espécie evoluída, não é mais um *homo sapiens*, sua cabeça funciona de modo diferente, suas relações se dão de forma diferente, seus interesses são diferentes, sua maneira de interagir com o mundo é diferente daquela do humano do século passado, da era passada.

E o que isso tem a ver comigo? Bem... eu sou como você...

◊

Duas horas da manhã. A casa está toda escura, a não ser pela tela do meu note. Eu estou sentado à mesa, imóvel, os olhos lentamente caminham de um lado para o outro seguindo as luzes da tela.

Vermelho...

Essa é a cor dos olhos, que, como uma máquina programada para tirar fotos noturnas, se expõe à luminosidade de uma tela às duas da madrugada.

Passei as últimas horas do dia anterior como de costume: vendo vídeos no YouTube; googlando alguns assuntos; jogando jogos online. Em *clicks*; abas; *alt+tab*s; *esc*s; *enter*s; *alt+F4*s o dia passou e me encontro nas primeiras horas do amanhã. Quem nunca viveu isso, né??

Os olhos, cansados, já não são capazes de acompanhar as imagens que se movimentam. Eis que, vagando de *link* em *link*, cheguei a uma página que fala algo sobre as paisagens do norte da Europa. Li o texto rapidamente, dinamicamente, e vi, no canto direito da tela, uma loira com um rosto de veludo e com os peitos em primeiro plano. Uma mulher que, provavelmente, tinha uma história, que, provavelmente, como eu, tinha seus temores e suas maravilhas, mas que, para mim, naquele momento, não passava de uma gostosa com um decote que expunha peitos redondos e suculentos.

"Olá! Meu nome é Cindy, sou solteira e procuro alguém para namorar em Brasília."

Era o letreiro vermelho convidativo que piscava abaixo da foto. Mas eu não era bobo, né. Comecei a usar a internet na época em que se acessava de madrugada para pagar somente um pulso. Você sabe o que é isso, meninos juvenis? Eu sabia que aquela imagem era de uma modelo americana cuja foto, por acaso, aparecia como uma das primeiras do Google Images para qualquer um baixar, e que um *click* sobre aqueles belos seios ou me levariam a um site que ia tentar vender certo produto que prometia o aumento quase imediato do tamanho do meu pau ou que me presentearia com um vírus.

Porém as tetas eram redondas e gostosas e estavam tão interessantes. Me animei e mandei o sono pro caralho. Não aceitei o convite daquela loira, mas sabia onde encontrar tantas outras loiras, morenas e até ruivas que me ofereceriam não só os peitos, mas palavras, gestos, movimentos e posições.

Títulos como:
Readhead squirting
Big titted baby riding black cock
Double penetration blond slut
seguidos de imagens ilustrativas do que me esperaria caso escolhesse alguma delas. Um menu, uma lista a meu dispor. Sexo à la carte.

Leves espasmos começavam a me tomar o corpo. O sono totalmente esquecido. Os olhos novamente alertas. Deslizava o mouse pela tela com certa calma, escolhendo o produto que queria consumir a fim de tentar alcançar um orgasmo mais excitante do que o último. Na tela inicial nada me chamou suficiente atenção. Já estava cansado daqueles vídeos comuns: um casal, sexo oral, penetração, sexo oral. Buscava algo novo, algo a mais, já havia me aventurado algumas vezes em vídeos BDSM.

click.

Woman han__

Woman handjob d__

Woman handjob domination

Buscar.

O menu agora tinha imagens mais interessantes. Mas nada muito diferente do que já havia saboreado.

'próxima página'
'próxima página'
'página 10'
'página 15'

Me sentia inclinado a voltar algumas páginas e a me satisfazer com um vídeo que me havia chamado certa atenção, apesar de não apresentar nada de novo, quando vi algo diferente:

Uma mulher seminua, com as tetas ainda cobertas, sentada em um sofá, olhando diretamente para a câmera (ou para mim?), que a registrava de um ângulo baixo, com uma feição sedutora e poderosa.

O título era "Alexis mistress make you cum."

Decidi, hoje iria me satisfazer com a Alexis.

'click'

— Olá, punheteiro. Bem-vindo de volta. Sabia que você ia voltar... — Alexis me dava as boas-vindas àquele quarto onde ela estava e onde minha tela acabara de entrar.

— Eu sabia que você não ia resistir a mim. Você está louco para eu te dizer exatamente como bater sua punheta. Eu vou fazer isso para você hoje. Mas você tem que fazer <u>exatamente</u> como eu lhe disser.

Ela era ousada, decidida, poderosa e parecia falar diretamente comigo. Eu não era mais um observador, como muitas vezes fui, estava ali, ela olhava para mim, falava comigo. Aquilo começou a deixar meu pau duro. Ela começou a me dar comandos e eu obedecia.

— Abaixe suas calças e coloque seu pau para fora. Agora, devagar, com movimentos suaves. Para cima e para baixo. — Enquanto ela falava, seus braços e suas mãos se movimentavam como numa videoaula, me mostrando exatamente o que eu deveria fazer, como deveria bater uma, ela era como um mímico, e eu, a marionete.

– Isso mesmo... Bom garoto!

Tudo aquilo era novo para mim. E gostei, gostei muito. Era a sensação que buscava fazia tempo, sensação que me fez lembrar minhas primeiras masturbações, quando era mais novo, quando a excitação era mais intensa. Ela me dizia exatamente o que fazer, como fazer, e eu obedecia. Minha mente era dela, meu corpo era dela, minha mão era dela.

– Agora pare.

Não toque nesse pau.

Espere.

Admire o meu corpo.

Cuspa na sua mão...

E comece de novo, cuspa nele, deixe seu pau molhado para mim.

Quero ver rápido e firme agora.

Vamos lá, vou te fazer gozar para mim agora!

Vou contar de 10 até 0 e, quando eu chegar no 0, quero que você goze para mim:

10...9...8...7...6...5...4...3...2...1

– Goze para mim!

Eu fiz o que ela disse, gozei, um gozo como não sentia há tempos, uma sensação sublime. Por alguns segundos fiquei ali, parado, com uma mão segurando meu pau e a outra, em forma de concha, a alguns centímetros de distância, carregada de porra. Assim que o êxtase passou, me levantei, fui ao banheiro, lavei a mão, limpei meu pau com um papel higiênico. Fui até meu quarto. Deitei na cama e dormi. Com o corpo ainda extasiado e a mente vazia.

Desde esse dia já sabia o que buscar sempre que entrava em um site pornô: *JOI*. Encontrei muitos outros vídeos e explorei meus prazeres com vigor renovado. A cada dia descobria algo novo, a cada dia as mulheres me excitavam de maneiras diferentes, falavam coisas diferentes, me ordenavam coisas diferentes. Eu obedecia. Então comecei a pensar sobre fetiches.

Definitivamente, esse tipo de pornografia despertava em mim algo muito mais próximo do que em pouco tempo descobriria desejar ao estar na cama com uma mulher. E, apesar de parecer tão mais real do que as outras categorias, uma vez que as mulheres em geral me olhavam nos olhos e falavam somente para mim, era algo tão artificial e fabricado como todo o resto. E, como todo o resto, em breve perderia a graça.

Sorte minha não ser mais novo, pois caso o fosse, provavelmente teria experimentado a pornografia com realidade virtual... e aí, meus caros, não teria perdido somente a sinestesia do toque, do cheiro, do afeto e dos olhos que me eram roubados e atrofiados pelo pornô, mas também, e provavelmente, o que me restava da capacidade de sentir tesão no mundo real.

◊

Já fazia um ano que tinha descoberto as pornografias instrucionais, seis meses que tinha entrado na facul e alguns anos que não fazia sexo.

– Alô, Toninho?
– Alô! Quem é?
– É o Flávio!
– E aí, Flavinho? Quanto tempo!
– Pois é! Que saudade! Aqui, vem aqui em casa nesse sábado, vai ser minha festa de aniversário. Vou comemorar com um grupo menor de amigos, uma festinha pequena. Só tem uma regra, hein? Não pode trazer relógio, tá? Quero que todo mundo perca a hora!

Ele era um amigo recente com o qual havia desenvolvido grande afinidade em pouco tempo. Nos conhecíamos há aproximadamente um ano, tínhamos muito em comum: eu gostava de filmes, Flávio fazia um curso de cinema; eu gostava de papos cabeça, Flávio tinha sempre uma varanda com uma garrafa de cerveja e uns cigarros à espera.

— Fechou! Vou lá sim! Que horas?
— Às seis aqui em casa!
— Beleza! Até lá então!
— Até!

◊

Cheguei na festa, senti um ar intimista e aconchegante. Dez... 15 pessoas, no máximo? A garota dos desenhos japoneses estava lá, mas com outro cara. Metade eu conhecia. A outra metade tinha cara de ser interessante. Daí, então, aquilo de praxe, cumprimentei todos. Me apresentei a alguns. Peguei uma cerveja e me juntei à roda de conversa que tinha os rostos mais familiares. Não demorou muito, percebi num canto uma garota — talvez uns dois anos mais velha que eu? — com um belo rosto, cabelo que se destacava pelo seu estilo: longo, jogado de lado, expondo uma área, entre a base da têmpora e a parte superior da nuca, onde foi passada uma máquina 1. Eu gostava de chamar aquele corte, que estava na moda, de "moicano cabeludo".

É claro que não tinha coragem de me aproximar e puxar assunto. Fiquei na minha. Observei. Não com um olhar sedutor, tentando atrai-la com os olhos; observei de maneira tímida, tentando evitar a troca de olhares... a pior coisa a se fazer quando se quer flertar com alguém.

A noite seguiu sem que me apresentasse àquela intrigante desconhecida. Mas os copos não deixavam de ser virados e, com o tempo, com o efeito da cerveja, a descontração aumentava e a ideia de olhá-la nos olhos já não era tão assustadora.

Em certo momento, quando aqueles que não se conheciam já haviam sido apresentados e um torpor pairava sobre os olhares embriagados de cada um dos convidados, alguém deu a ideia de nos deitarmos na grama do lado de fora do salão de festas onde estávamos para curtir o luar. Não deu outra, dentro de instantes a festa se tornou *outdoor*: uns brincavam de rolar na grama, outros apostavam corrida de cavalinho, outros trocavam ideia sentados no murinho que dividia a quadra do gramado.

Eis que os que brincavam ficaram cansados e o sono começou a se abater sobre a maioria, marcando o início do fim da noite. Como de costume, todos se reuniram em volta do murinho e a conversa naturalmente começou a demonstrar sinais de que chegava ao fim.

É curioso como, ao final da noite, todos são iguais. Independentemente de quem ficou com mais pessoas, de quem bebeu mais – a não ser que tenha sido demais – ou de quem teve os melhores argumentos nas discussões. O sono se abate sobre todos de maneira igual e, nesse momento, não é mais importante quem é o mais bonito, o mais bêbado ou o mais animado, pois o pensamento de cada um é voltado para sua própria cama.

E é sempre nesse momento que me vejo forçado a tomar a atitude que venho adiando desde o início da noite. Ela tinha se levantado para abraçar um amigo e rir de algum assunto aleatório. Vi minha chance. Me sentei no lugar que ela deixara, pois achava que, bêbada como estava, ou se sentaria em cima de mim sem se dar conta de que alguém lhe havia tomado o lugar, ou tropeçaria e poderia, naquela posição, direcionar sua queda para mim. E foi isso que aconteceu, ela enrolou os pés e fez que ia cair, se apoiando sobre mim e sentando em meu colo – me perguntei se ela não o fizera de propósito. Dali em diante, tudo ficou mais leve. Quando os corpos se tocam tudo fica mais fácil, mais natural, como se as peles sentissem o desejo do outro, fazendo com que palavras não ditas não causem tanto medo.

Nos beijamos. Nos abraçamos

. . .

Deslizei a mão por sobre a coxa dela, buscando com o dedo sua buceta, ela desviou meu toque.

. . .

Conversamos um pouco. Eu tímido, ela solta. Ela Colombina, eu Pierrot.

. . .

Ela começou a ficar mais fria, acho que a própria cama começou a se tornar o pensamento principal na sua cabeça, eu afastei

< 41 >

minha cama da cabeça e comecei a pensar na dela. Mas ela, talvez por sono, talvez por falta de interesse, talvez por qualquer outro motivo, se fantasiou sozinha naquela noite.

– Nos vemos outro dia – Foi o que ela me disse ao ir embora, uma hora depois do primeiro beijo.

Alguns minutos mais tarde eu estava na cama, sozinho, imaginando como seria se ela estivesse comigo. E ela, por sua vez, também devia estar se deitando, mas com o quê na cabeça? – eu não sabia.

MEMÓRIAS

crianças e suas viagens

Sempre gostei de brincar com as formas que me cercavam. Quando criança, ao andar na rua, costumava jogar um jogo no qual podia pisar somente nos paralelepípedos azuis que formavam o mosaico que enfeitava o chão da calçada. Pulando assim, de um quadrado a outro, como um bispo em um jogo de xadrez, me deliciava com a regra que eu mesmo havia inventado. Me lembro também que gostava de fixar os olhos em uma lâmpada incandescente até que o contorno da luz se pregasse na visão e, mesmo ao fechar os olhos, a lâmpada continuasse marcada ali na escuridão das pálpebras, com uma tonalidade que cintilava entre o vermelho e o amarelo.

Aos 12 anos, comecei a brincar de tapar um dos olhos e perceber a diferença de ângulo com que captava as imagens quando deixava um ou o outro olho aberto. Ao abrir ambos e posicionar uma mão a alguns palmos de um dos olhos, tinha a impressão de conseguir ver através dos dedos, e chamava isso de "visão raio-X".

Além dessas brincadeiras com as formas e com a ilusão de ótica, que pratico esporadicamente até hoje, gostava também de brincar com algumas ideias:

"Se eu penso em alguém, mesmo que despretensiosamente, é bem provável que esse alguém também pense em mim."

Isso valia para aqueles amigos que ficava um tempo sem ver, para colegas do jardim de infância, para estranhos que tenham chegado a interagir comigo de alguma forma. E valia também para garotas que conhecia e que me despertavam interesse, com as quais tinha ficado.

No dia seguinte à festa sem relógios, pensei nela algumas vezes e me perguntei se tal regra se aplicaria a esse caso. Alguns dias passaram e comecei a pensar nela com menos frequência, mas não deixei de tê-la em meus pensamentos, nem que fosse por poucos minutos no dia. Por fim, decidi enviar uma mensagem por Facebook.

> E aí, como vai?

> Beleza, e vc?

> Tranquilo! Bora sair qualquer dia desses?

> Claro! Tô indo na manifestação no centro hoje, vc vai?

— Era o ano de 2013 e o Brasil passava pelas manifestações de junho e julho. —

> Ué, eu tbm tinha combinado de ir com um amigo

> Fechou então! Se for, me liga quando estiver lá que a gente encontra

> Blz, te ligo sim!

> Joia! Até mais então.

> Até!

Não liguei, mas fui. Não queria ter que andar no meio da multidão e ainda me sentir ansioso perto daquela estranha familiar. Talvez a encontrasse lá, no meio do povo. Se sim, ia tentar agir normalmente apesar daquele medo de estar ao lado de uma mulher que me deseja.

A manifestação correu como de costume.

A manifestação correu como de costume??

Que costume? Você viveu essa etapa? Definitivamente foi um marco na história da nossa geração. Não que eu ache que foi uma revolução, com certeza não foi... marcou o Brasil, mas definitivamente não é um costume... heheh

Concentração às 10h na praça.
300., 500., 800., 1000., 5000?
Um mar de gente. Alguns minutos depois que cheguei, começamos a caminhar como uma só massa, arrastando conosco assobios e cumprimentos de pessoas no alto dos prédios por onde passávamos. A polícia nos cercava a todo o momento.
Bonita essa imagem, não?...
A imagem é sempre bonita, é sempre poética... mas são essas massas que fazem as grandes merdas. É o pensamento de manada, o pensamento de colmeia, o "abrir mão do seu pensamento crítico em prol da unidade". Isso vale para ambos os lados do espectro, afinal de contas, temos manadas de esquerda e de direita. Por favor, tome cuidado com isso...

Meus pés já acompanhavam o ritmo da multidão, mas os olhos não haviam se cruzado com os dela. Me vi à deriva, em algum ponto em meio à horda que, se vista de cima, mais parecia um corpo que se movia uniformemente pelas avenidas da cidade, um corpo que gritava, um corpo que vibrava, um corpo que marchava. Ela também estava ali, em algum outro lugar deste corpo, nos cabelos, nos peitos, nas pontas dos pés, talvez.

Você se lembra do amigo da samba-canção volumosa? Então, ele também estava ali. Gabriel era seu nome. Caminhava ao meu lado com uma câmera fotográfica na mão, ansioso para registrar alguma imagem que pudesse ser capturada de um ângulo que desse a seu portfólio o tom exato da catarse que aquele evento tinha para o Brasil da época. Pois ele sabia que aquele era O Momento e que, dentro de alguns dias, aquela oportunidade não existiria mais, a não ser como uma ideia que deveria mais uma vez ser proclamada por algumas vozes e ecoadas em milhares. O que, de acordo com o costume dos brasileiros, era bem improvável. Uma oportunidade única.

O resto você já sabe, ou viveu...

     Gritos

        Brigas

   Abraços

        Cervejas

            Policiais

Cavalos

        Escudos

    Balas...

          ... bombas...

E eu? Voltei para casa naquela noite com os olhos e a pele ainda coçando devido à ação do enxofre sobre os poros. Sem ter cruzado olhares com ela...

◊

Alguns meses passaram. Eu explorava o mundo acadêmico recém-descoberto. Tantas coisas novas, mundo tão estranho quanto familiar. Achava o máximo muito do que via, me enchia de expectativas, entendia, mas também estranhava tudo o que vivia. E algo crescia dentro, a Vertigem me causava...

...bem, ainda não te falei qual era minha Vertigem, certo? Em breve volto nesse assunto.

Eu entrei na faculdade para cursar bacharelado em Letras. Era um ambiente intelectual, repleto de ideias, de paradigmas, de rostos, de egos... principalmente de egos.

Engraçado, vivemos o tempo inteiro em meio a egos, pois cada ser tem ao menos um. Por que será que eu sentia tão fortemente os egos daquele lugar e não os sentia dentro de um ônibus, de um shopping, na rua?

Pois bem, voltemos à Vertigem: a Minha Vertigem, a voz do vazio abaixo de mim que me envolvia era a simbiose, assim como a dos meus pais, só que às avessas. Eles forçavam o outro para dentro de si, tentando fazer com que este ocupasse o espaço deles. Eu permitia que o outro forçasse sua entrada porta adentro em mim. Entendia muito bem o outro, gostava de me colocar na sua posição, tinha medo de ofendê-lo e de parecer prepotente.

Pois bem, imagine como me senti em um ambiente onde os egos buscavam sobressair uns aos outros. Inconscientemente, automaticamente, naturalmente, recolhi meu ego, deixei que os outros sobressaíssem, pois não queria ofuscá-los, tinha medo de ofendê-los. A Vertigem pedia para não fazê-lo, pois tinha que me colocar no lugar do outro e pedir desculpas por isso.

Pois foi em meio a tais sentimentos que fui convidado à minha primeira calourada na faculdade:

> E aí, Toninho! Quanto tempo!

> Pois eh! Tem um tempão mesmo.

> Desde a festa do Flávio, hein?

> Uns 2 meses pelo menos!

> Por falar em Flávio, tem visto ele?

> Como ele está?

> Não, não vejo ele desde a festa também...

> Aqui, tá sabendo da calourada do teatro?

> Fiquei sabendo, vc tá indo?

> Sim, estou combinando de ir com a Bárbara!

> Massa! Vão só vcs dois?

> Até então sim, mas e você, vai com a gente!?

> Estamos doidos para te ver.

> Bora demais!

> Que dia vai ser mesmo?

> Quarta da semana que vem.

> Vamos encontrar às 20h na casa da Bárbara, lá no Guará

> Demorou! Encontro com vcs lá!

  O convite que acabara de receber por Facebook foi feito por um conhecido, amigo que tinha em comum com Flávio e que, por acaso, também era amigo de Bárbara, a garota pela qual afastei minha própria cama da mente no dia da festa sem relógios. Ele se chama Alberto. Não faz muito tempo que o conheci num bar aonde fui com Flávio. Logo nos primeiros 30 minutos de conversa, já recebi uma cantada de Alberto. Mas não só uma cantada, também houve um convite para participar de um sexo a três.

  Não é todo dia que recebo um convite para um *ménage*, né? Alberto não conseguiu seu *ménage* naquele dia, ao menos não comigo, mas conseguiu marcar sua impressão, pois, a partir daquele dia, ao vê-lo em algum lugar, eu sempre pensava: "Esse é aquele cara tarado amigo do Flávio". E sempre que nos víamos Alberto tentava me jogar olhares tentadores, dos quais me esquivava, não sem antes pensar: "Será que ele vai repetir aquele convite?"

Sendo assim, fiquei sem saber o que aquele "estamos doidos para te ver" significava: estaria somente Bárbara querendo me ver e aquela foi uma maneira de ela esconder seu desejo por trás do amigo?; estaria somente Alberto querendo me ver e usando o suposto desejo dela como ferramenta?; estariam ambos doidos para me ver, o que poderia significar que eu servisse como um brinquedo para aquele casal de amigos?

Fiz o que me era mais natural, mais simples, sempre que ficava na dúvida nessas situações... Fiquei ansioso. Eram muitas as possibilidades, a mente buscava indícios que mostrassem qual delas era verdadeira, enquanto o fetiche fazia abrir um precipício à minha frente. Nele, via Alberto, via Bárbara, via os dois conhecidos que me chamavam para a festa e queria me entregar à queda, ao desejo. Mas tinha medo de não conseguir terminar o que estaria me propondo a fazer caso aquele convite realmente significasse o que achava que poderia significar.

Não sabia se gostava de homens, não sabia se aquele convite realmente significava uma segunda proposta de *ménage*, não sabia que resposta dar para a suposta proposta, mas de uma coisa sabia: Alberto já havia dito que queria chupar meu pau... Bárbara ainda não.

◊

Me encontrei com os dois na casa da Bárbara, uma pequena república feminina no Centro da cidade. Fui recebido na sala de estar pelos dois conhecidos e por uma desconhecida. Porta aberta, televisão ligada, máquina de costura trabalhando. A estranha sentada no sofá, os conhecidos cortando alguns panos.

Alberto: – Entra aí, Toninho! Que saudade!

Eu: – Dá licença! E aí, gente! – Cruzei a porta e fechei-a com uma das mãos.

Bárbara: – E aí, gato! Essa é a Beatriz. – A conhecida aponta para a estranha sentada no sofá.

A partir daquele momento Beatriz não me é mais uma estranha, como qualquer pessoa, bonita ou feia, que me cruze o caminho. Ela ganha um nome.

Cumprimentos feitos. Me sento na mesa onde Bárbara e Alberto trabalham os panos cortados na máquina de costura.

Barbára: – Você já veio pronto! – Ela aponta para minha roupa (jaqueta de couro, bota de vaqueiro, calça jeans e chapéu de boiadeiro) – A gente esqueceu que era uma festa à fantasia, estamos fazendo uma agora... – Ela e Alberto juntavam os panos, cortados de improviso, buscando a melhor maneira de uni-los a fim de formar duas roupas que se assemelhassem, de alguma maneira, a duas fantasias – Bonita sua fantasia! Você que fez?

– Obrigado! Sim, na verdade fui juntando algumas coisas que tinha lá em casa, mas a jaqueta fui eu que fiz – Segurei a lapela da jaqueta, exibindo-a com orgulho.

A jaqueta de corino havia sido claramente feita por alguém sem muitas habilidades de costura, mas que nem por isso deixara de ter zelo e atenção aos detalhes nitidamente trabalhados.

Bárbara – E esse chapéu? Deixa eu ver como você fica sem ele.

Tirei o chapéu, exibindo um cabelo curto e rebelde que sobressai na linha central da cabeça.

Bárbara olhou para Beatriz, que olhou para Antônio.

Bárbara – Te disse que ele tinha um cabelo maravilhoso!

Dali em diante, as coisas correram em tímida descontração. Conversas sobre a faculdade, algumas cervejas, comentários sobre a bela vista da janela, que expunha as luzes da cidade com aquelas duas construções no planalto central que, como diriam os queridos Acadêmicos de Milton Friedman, mais pareciam duas rolas:

Lá no meio / do deserto / na surdina / de assalto. / Ergueram duas rolas de concreto no meio do planalto

Acadêmicos de Milton Friedman

Caramba... deixa eu retomar o fio da meada:

A máquina de costura sempre ligada, marcando as pausas e olhares da conversa com o involuntário sobe e desce da agulha e o ronco rouco do motor. E a TV... com aquele zumbido constante da energia que lhe corria pelos fios, mesmo zumbido que costumava me enlouquecer quando estava em casa e meus pais se sentavam por horas em frente à televisão, mas que, para minha surpresa, diferentemente de quando estou em família, não me irritou, era até agradável.

22h23. Fantasias prontas. Festa já iniciada. A gente está atrasado. Nos despedimos de Beatriz e saímos. Os três, dois homens e uma mulher. Dois amigos e um conhecido. Duas putas e um cowboy.

◊

Aquele edifício, há alguns anos, era um estacionamento, alto, quadricular e com uma rampa larga que levava de um andar ao outro em uma espiral. Mas, estando abandonado já há alguns anos, foi arrendado por algum empresário inteligente que mudou seu propósito: de dia um mercado, à noite uma casa de festas.

22h45. A rua está pouco movimentada, a não ser por alguns camelôs ao longo de toda a quadra.

Olha o salgado!

Doce!!

Cerveja, vodca e energético!

Uma música alta vinha de dentro do prédio, um rock dos anos 1990, Red Hot Chilli Peppers, trilha que marcou a maior parte da primeira dúzia dos meus anos e, provavelmente, dos outros jovens que estavam lá naquela noite também.

Se você estivesse parado em frente àquele edifício, naquela noite, olhando em direção àquela esquina daquela quadra, naquela cidade, às 22h49 daquele dia, veria, dobrando a rua, três vultos que, ao se aproximarem de você, tomariam, pouco a pouco, a forma de três jovens beirando os 20 anos, dois homens e uma mulher, fantasiados. Um dos homens e a mulher com roupas curtas e provocantes que, de perto, mais pareciam trapos de remendo que formavam uma minissaia de retalhos e um top de frangalhos; o outro homem com uma elegante, porém grotesca jaqueta e um chapéu de cowboy.

Passariam por você logo na entrada do edifício, mal te notando, pois estariam muito entretidos trocando ideia. Você os veria, se estivesse naquela rua, daquela cidade, naquela noite, sumirem na escuridão da rampa em caracol que os conduziria ao terceiro andar daquele antigo estacionamento.

– Vamos pegar algo para beber – Alberto convidou assim que chegamos ao terceiro andar, onde a festa já rolava.

Eu e Bárbara o seguimos até o bar, onde uma enorme fila nos esperava. O som ensurdecedor atrapalhava a conversa, o que me aliviava, pois não me sentia, assim, obrigado a puxar um assunto qualquer com Bárbara só para não transparecer a timidez.

– Vodca com energético e rum R$ 5 –

Foi o que cada um tomou naquela noite. Eu, desde que aprendera meu limite com bebida, não estava acostumado a beber destilados... muito menos com energético. Assim que terminei o primeiro copo, já sentia pouco as pernas e perdera totalmente o sono que já me havia batido à porta.

    Conversamos
           Dançamos
                    Andamos
       Conversamos,
                     Nos perdemos...

Tinha muita gente naquele lugar, tínhamos que andar segurando o ombro um do outro para não nos perdermos, e foi aí que me separei de seus companheiros, ou será que soltei o ombro de Alberto propositalmente?

Tão logo me vi sozinho, caminhei para a parte da festa com menos pessoas por metro quadrado. Uma coisa que nunca curti é a boa e velha muvuca, muitas pessoas juntas, preferia mil vezes uma reunião de amigos na varanda de alguém a uma festa lotada em uma boate.

– Toninho!! Sabia que ia te encontrar por aqui! – Você se lembra de Gabriel? O garoto da samba-canção volumosa, da câmera fotográfica? Pois então... esse não era ele. Era João, um amigo em comum que tinha com Gabriel.

– E aí, Joãozinho!! Quanto tempo, cara! Veio curtir a festa? Cheio de alternativa gatinha, hein?

– Pô! Nem me fala! E muito gay, sobra muita mulher solteira! Deixa eu te apresentar: Antônio > Roberto; Roberto > Antônio; Laurinha <> Antônio. Amigos meus da faculdade. Antônio, brother das antigas!

Cumprimentos feitos.

– Aí, Toninho, vamos fumar um aqui, bora?

– Bora! Por que não?

Nós quatro fomos para um lugar mais afastado da festa, João pegou um cigarro de seda dentro da carteira. Acendeu. Deu alguns tragos. A roda se formou, a bola começou a passar.

Algumas rodadas mais tarde o efeito da droga começa a se misturar com o efeito do álcool de mais cedo e a onda vai aumentando. O corpo fica mais leve, os olhos relaxam e a visão se torna menos atenta e mais abstrata, registrando mais a atmosfera criada pelas cores e pelos movimentos das coisas ao redor do que os detalhes de suas formas.

Eu fiquei ali algum tempo com o velho amigo e aquele familiar casal de estranhos. Conversamos um pouco sobre a faculdade, cada um falou o que estava achando da festa, trocamos indicações de filmes, bandas e séries:

– Pô, muito massa o curso! Estou curtindo bastante! Tem cada matéria mais doida do que a outra! – comentou João, que fazia economia – E como é o seu curso, Toninho? Como é essa parada de Letras, você tem aula com escritores? Escrevem poesias, livros?

– Então, ainda não estou na parte do curso que começamos a escrever não... na verdade, acho que não tem nenhuma matéria obrigatória na qual a gente escreva poesias ou prosa. Mas tenho uma matéria muito legal na qual temos que criar textos baseados em fotos que o professor traz – usei a resposta que já tinha na ponta da língua quando me faziam essa pergunta. E, nos últimos tempos, muitos têm me feito essa pergunta.

Eu achava curioso o fato de todos me perguntarem se estava escrevendo livros ou criando poesias em meu curso. Por que, assim que falava que cursava Letras, deduziam que eu era um poeta, um romancista? E por que não exigiam de um aluno de Engenharia os cálculos da próxima grande invenção da humanidade? Por que não esperavam que alguém que cursava filosofia lhes dissesse qual o sentido da vida? Seria a faculdade capaz de formar um poeta, um pensador, um inventor?

— E pra entrar na faculdade você tem uma prova de escrita? Tem que ter algo publicado? — Laurinha me perguntou demonstrando grande interesse no tom de voz.

. . . . . .

Há estudos que indicam que nunca paramos de pensar, que até no sono nossa mente trabalha, há quem diga que meditar ou "esvaziar a mente" é besteira... pois sim, nossa mente nunca para, mas meditar significa esvaziar a mente?

. . .

— Hehehe, na verdade não. O vestibular é normal, só que temos prova específica de Português, de Língua Estrangeira e também de Redação, claro.

. .

Você já usou drogas? Álcool, maconha, cocaína, ácido? A mente de cada um reage de forma diferente aos estímulos. Pois então, meditação com certeza não era o que a droga me causava.
Mente vazia?...
               Há! Não...
                         Fluxo contínuo de ideias,
      Mente a mil!

. . .

— Estou no terceiro episódio de Game of Thrones! — Foi essa a frase que iniciou a conversa sobre cultura pop depois de mais alguns comentários sobre a faculdade.

— Porra! GoT é do caramba, né? São muito massa as lutas! E as tretas das casas... Porra!!

. . .

Um livro que lera há poucos dias

                      Minha relação com meus pais

A letra de uma música de que gostava

. . .

– Porra, eu fico bolado com aquela Cersei, ela é muito filha da puta, curto mesmo é a Arya! A menina esculacha!

. . .
Lembranças de meu último acampamento
Meus amigos de que mais gostava

Bárbara
Lembranças de meu último acampamento
Letra de uma música de que gostava
Bárbara
Lembranças de meu último...
Letra de uma música
Amigos
... acampamento
Bárbara
Letras de... Lembranças
Uma música

. . .

"Agora é uma boa hora para citar Marx, Antônio!"

– Eu comecei a ler Marx, gente... ele tem uma ideia muito massa sobre a divisão das classes ...

... último acampamento
Bárbara
música
Bárbara
Amigos
Acampamento

Bar...
Bárba...
Bárbara

    Seus cabelos   Seus olhos
        Seu rosto   Seu corpo
          Seus peitos   Sua bunda

    – Gente, tenho que encontrar com uma amiga minha que tá por aí, já já eu volto. – interrompi já dando um tchau.
    – Vai lá, Toninho! Volta aí depois, se quiser uma carona pra casa mais tarde me dá ideia! – João tava com um sorriso relaxadão.
    Me despedi de todos, Laurinha e Roberto disseram algo como: "Até logo"; "Prazer"; Nos vemos em breve"; "Foi muito bom conversar com você". Me virei e fui em direção ao último lugar onde vi Bárbara, a pista de dança. Aquele mar de gente que se tromba, se enrosca, se embola, se mistura... e... se perde...

◊

    Se, ao ver aqueles três fantasiados cruzarem com você na entrada daquele edifício, você tivesse decidido conferir o que os esperava no terceiro andar daquele prédio e tivesse subido aquela rampa em caracol... se estivesse no topo dessa rampa, na entrada desse andar às 00h18, talvez notasse um jovem de 20 e poucos anos com uma roupa de vaqueiro, o mesmo jovem que cruzou com você alguns minutos atrás, com passos um tanto quanto descoordenados se misturando à multidão que se embolava uns oito metros à sua frente. Ou talvez notasse o casal de homens que se beijava e se relava no muro da entrada ao seu lado. Ou talvez notasse um grupo de amigos que conversavam à sua esquerda. Ou talvez notasse as três coisas, ou talvez não notasse nada.

        Corpos,
             Ombros,
                  Cabeças,
                        Esbarrões,
                            Cotoveladas,

                Beijos,
      Homem com homem,
                        Mulher com mulher,
          Homem com mulher,
      Mulher com Homem,
                        E vice-versa.

Eu tava no meio da galera, abrindo caminho lentamente entre os tantos corpos que se confundiam na minha frente. Os ouvidos imersos naquela música tão prazerosa, tão nostálgica. Os olhos, vermelhos, escaneando os rostos, os corpos ao redor, à procura dela.

Dei algumas voltas na pista, timidamente movimentando o corpo ao ritmo da música. De um lado ao outro. Do outro lado a um. Fui ao banheiro. Mijei. Voltei à pista. À entrada do andar. Banheiro. Pista. Entrada...

Os olhos se cansam de procurar, as pernas reclamam de dar voltas. Decido comprar uma cerveja e me sentar no muro ao lado da rampa de acesso. Começo a me convencer de que aquela noite, para mim, estava chegando ao fim. "É hora de ir para casa". Pensamentos ainda a mil, porém já em tom de noia:

    Devia ter chegado nela mais cedo
    Por que não consigo me sentir à vontade perto dela?

Devia ter tomado alguma iniciativa
                  O que ela vai pensar de mim?

Os pensamentos vinham como um juiz, a mente era uma corte, as crenças eram a acusação, e o réu, meu "eu". Um julgamento no qual não conseguiria me defender, era interrogado por mim mesmo, sem advogado para me representar. Em poucos instantes ouvi o som do martelo na mesa do juiz. Culpado! É o veredito.

Os olhos começam a lacrimejar e a cama começa a vir à mente. Provavelmente iria terminar aquela latinha, me levantar e tomar o rumo de casa, sem me despedir de ninguém que encontrei na festa.

    .   .   .

Eis que vi quatro pés parados à minha frente, corpos com roupas curtas e provocadoras, feitas às pressas.

Alberto: – Pô, Toninho! Você sumiu!

Bárbara: – Por que você tá aí sozinho?

– Bem, eu tava com um pessoal ali na pista de dança, mas fiquei cansado e vim tomar uma – respondi, tentando disfarçar a frustração.

– Ahhh! Vem dançar com a gente, gato! – Convite feito por ambos, seguido de uma mão de cada um estendida como um reforço à proposta.

Deixei a latinha de lado, segurei na mão deles e os acompanhei até a pista. Achamos uma área aberta logo na frente do palco, onde tinha bastante espaço para nos movimentarmos e curtir o show. Nunca fui muito bom para dançar, era bem tosco, na real, a não ser que me soltasse ao ponto da naturalidade, o que podia causar risos de prazer ou de deboche na galera que estivesse comigo.

Certa vez, antes de completar meus 18 anos, estava com alguns amigos em uma boate, atingi o ponto da naturalidade, mas minha naturalidade era um tanto quanto sem noção... resolvi plantar uma bananeira no meio da pista, acreditando estar, assim, "causando". Peguei impulso, estiquei os braços, fiz a chamada – aquele pequeno salto antes de acrobacias –, levei as mãos ao chão ao mesmo tempo que estiquei as pernas e as trouxe do chão por sobre a cabeça.. Antes mesmo de as pernas atingirem metade do trajeto entre o chão e o teto, senti um tranco no calcanhar, me desequilibrei e caí de maduro. Havia dado um chute no queixo de uma amiga que dançava atrás de mim. Sorte que foi na amiga e não numa estranha, se não teria arranjado uma bela briga. Para meu azar, a boate era muito pequena, um pouco maior do que uma sala de estar ampla de uma casa. Risos irromperam dos amigos que estavam ao redor, risos de prazer, mas principalmente de deboche. Já os estranhos, que estavam mais distantes, ao ouvirem o barulhão de algo caindo no chão se viraram e não ofereceram risos para aquela cena, somente expressões de espanto. Mas essa se tornou uma boa história para contar e gerou muitos risos mais em mesas de bares nos anos seguintes.

Em outra ocasião, estava em um show de punk rock, bem bêbado, e batia a cabeça que nem um metaleiro – um salve para os metaleiros! Acabei dando uma cabeçada na garota que me acompanhava, quebrando seu nariz. Nesse caso não houve risos de prazer, somente de espanto. Mas não deixou de ser uma boa história para contar.

. . .

Pois bem, voltemos à nossa festa à fantasia. Os três em frente ao palco. Começamos a dançar, eu ainda tava meio noiado. Tentei afastar a culpa da mente soltando o corpo. Consegui dar uma relaxada e começar a dançar mais ou menos. Decidi tirar aquele peso da mente. Cheguei mais perto de Bárbara, que não ofereceu resistência. Mas, pelo visto, não era só eu que tinha um peso a mais na cabeça. Alberto veio pra perto de mim, ofereci resistência... Por um instante, antes de quebrar a aproximação daquele cara que passava as mãos na minha cintura, pensei se não deveria me abrir para essa experiência. Mas sabia que Alberto tinha um tesão que eu não sentia por ele e, além disso, a ideia de um homem como ele, atrevido e um tanto quanto feio, não era suficiente para quebrar a barreira da minha heterossexualidade.

Restamos eu e ela, nos abraçamos, nos beijamos, passamos a língua no pescoço um do outro. Ficamos com tesão. Ela meteu a mão por dentro da minha calça, eu brinquei com suas tetas. Ficamos nesse jogo, ela instigando, eu provocando. Ela perguntando, eu respondendo.

E Alberto? Alberto foi buscar em outros o que eu não podia dar. Depois me disse que pegou uns dois caras nessa noite.

◊

2h23
Essa seria a hora em que você veria os três jovens saírem daquele prédio, naquela noite, naquele dia, se você estivesse ali, naquela rua, naquela cidade.

"Vamos pra minha casa". Foi isso que ela disse logo antes de pegar minha mão e a de Alberto, que batia um papo com alguns amigos na pista. Ela nos guiou rampa abaixo, talvez porque era a mais sóbria dos três, talvez porque quisesse.

Pegamos um táxi. Pagamos. Descemos. Entramos na portaria. Tomamos o elevador. Abrimos a porta. Fomos até o quarto. Nos jogamos na cama.

Bendito seja quem inventou a cama *king size*. A preferida dos adeptos do *ménage*!

Se você estivesse pregado no teto daquele quarto, ia ver: ele se deitou no meio, ela se deitou à sua direita, ele, à sua esquerda. Ela se virou para o teto, ele se virou para ela, ele se virou para ele. Ela e ele pensavam nele, ele pensava só nela. Ele tentou abraçar ele. Ele deu uma cotovelada na barriga dele. Ele, dolorido, se virou de lado e tentou até dormir. Ela olhava o teto, ele olhava ela, ele não olhava nada.

Bárbara me deixou decidir: queria só ela ou queria os dois? Vendo a escolha, ela se virou para mim. Me beijou, me deixou chupar seu pescoço, me excitou, me convidou: "Vamos para o outro quarto".

Nos levantamos, deixando Alberto sozinho naquela cama onde bem cabiam os três.

Ela não demorou para tirar a roupa. Eu tirei somente a blusa. Ela se deitou na cama. Eu comecei pelos pés dela. Ela abriu as pernas. Coloquei a cabeça no meio daquelas pernas deliciosas. Língua para fora. Comecei a chupar sua buceta. Era a primeira vez que fazia isso, mal sabia onde lamber e como. Ela parecia estar gostando, mas eu não sabia dizer ao certo. Mas continuei, fazendo da maneira como podia, como na vida, aprendendo com meus erros e acertos.

.   .   .

Já não sabia mais há quanto tempo estava ali, de língua para fora, a posição já estava desconfortável. Sabia que deveria tentar outra coisa, mas meu pau não tava muito a fim. Não queria que ela visse isso.

"Deixa eu te chupar", ela pediu. Fingi não ter escutado. Continuei com a língua nela, sem saber se ela gostava ou não, a pornografia não me havia ensinado a perceber os sinais de um corpo. Dentro de minutos ela disse: "Vou gozar".

Alguns segundos depois, as pernas tentavam proteger o clitóris da língua que não tinha parado ainda.

Ela se levantou, vestiu a roupa. Pegou minha mão e voltamos para o quarto da cama *king size*. Pedi desculpas por ter brochado. Ela me consolou dizendo "Tudo bem. Você me fez gozar." Nos deitamos. Alberto dormia. Eu no meio. Ela à direita.

Ele olhou para ela. Ela olhou para o teto. Ele pensava nela. Ela não pensava em nada.

INTERLÚDIO

Maravilha

Frio de anestesiar os dedos
Frio de relaxar os músculos
Frio de sublimar a mente

Rapidamente percorre toda a extensão entre as unhas da mão e o dedão do pé.

Imerso
   Submerso

O som constante da queda é rapidamente substituído por uma leve pressão nos ouvidos. Seu corpo envolto em líquido transparente tão puro. Eu tinha uma frase que costumava usar na hora de descrever essa sensação:

"Nadar em cachoeira limpa a alma!"

Pode parecer uma frase muito romântica aos ouvidos de um cético, de um acadêmico ou de alguém que nunca teve essa experiência. Pois hei de lhe fazer, com a licença de Milan Kundera, um pequeno dicionário das minhas palavras incompreendidas:

Alma

A essência física – ou espiritual? – de cada um de nós, em processo de mudança e amadurecimento ao longo da vida. Nosso eu, nossa psique, aquilo que, dentro de nós, carrega todos os nossos desejos, medos, traumas, angústias e maravilhas mais primordiais.

Limpar

Esvaziar, passar a limpo. Desocupar um espaço para que algo novo possa surgir. Desimpregnar. Fazer escoar a sujeira. Ação necessária para gerar mudança. Reação natural ao processo de acúmulo. Descarregar. Relaxar. Resetar.

Eu não era muito dedicado à limpeza nem do meu quarto, nem da casa, nem do meu corpo. Mas não podia deixar de reconhecer o quanto uma boa limpeza fazia bem para a mente, para o corpo e para a alma.

Cachoeira

Silêncio. Barulho. Calma. Euforia.

Refúgio do mundo que te estressa, que te perturba. Deitar-se sobre a pedra, cama mais confortável, e deixar o tempo passar. Sentar-se sob a queda, melhor massagista, e sentir os músculos formigarem. Objetivo a ser alcançado após uma longa caminhada.

◊

Eu costumava intercalar visitas a cachoeiras nas serras de Goiás com a vida na cidade grande. Quanto mais cachoeiras visitava, mais queria visitar. Quanto mais serras explorava, mais queria caminhar.

– Já pararam para pensar qual o nosso papel nesse mundo? – Fernanda perguntou timidamente.

Fernanda era minha irmã mais velha, com a qual eu tinha pouco contato. Ela saiu de casa cedo, pois não aguentava o ambiente impessoal do lar. O que para mim tinha a aparência de um carnaval grotesco de cores e a voz da corrente elétrica passando pelos fios deveria ter outra forma para ela, mas causava o mesmo asco, a mesma aversão, o mesmo desconforto.

E era isso, esse segredo que cada um guardava, que, apesar dos tantos anos que passamos sem nos ver, nos conectava. Esse segredo que, mesmo não confidenciado, era tão claro em ambos de nós e se evidenciava naquilo que nos era comum: o jeito de falar; a inquietação; a revolta; a não conformidade com tudo aquilo que nos remetesse à vida familiar que nos incomodava de maneiras tão diferentes quanto similares.

Era noite. O céu, como uma cúpula, estava recheado de estrelas. Cinco barracas providencialmente protegidas do vento por pedras que formavam um círculo ao redor delas. Sentados em frente a uma das barracas, com lanternas apagadas nas mãos, estávamos eu, Fê e mais duas garotas que eram amigas de um outro membro daquela expedição.

"Já pararam para pensar qual o nosso papel nesse mundo?", essa foi a pergunta feita pela minha irmã, uma tímida tentativa de se abrir para aquelas duas desconhecidas e aquele estranho familiar, cujos sonhos, medos, crenças, temores e maravilhas ela não conhecia.

– É... já... mas não costumo pensar muito sobre isso... – Foi a resposta de uma das garotas, como quem dizia "não quero ter esse tipo de conversa com um estranho".

O silêncio que se seguiu, vindo da outra companheira e de mim, consumou o fim da conversa que nem tinha começado. Por que eu agi dessa maneira? Eu, que nunca rejeitei um papo cabeça. Senti vergonha diante daquelas estranhas que pareciam não se importar com o questionamento da minha irmã, preferi consentir com elas. Não me sentia à vontade com minha irmã, alguém que – embora em segredo fosse uma semelhante – me parecia tão estranha, alguém que eu pouco conhecia.

Ficamos ali mais um tempo, em estranho silêncio, juntos, porém sozinhos, apreciando as luzes, cada um à sua maneira. Até que, um por um, fomos nos levantando e nos despedindo dizendo algo como: "boa noite, vou dormir", "vou para minha cama", "já está tarde, vou dormir".

Minha mão guia o fecho, que desliza pelo zíper descrevendo um trajeto parabólico na frente da barraca. Me sento na entrada. Retiro os sapatos sujos de terra. Coloco-os dentro de um saco plástico para proteger do orvalho. Deixo o saco do lado de fora. Entro... e...

– Você já comeu? – pergunto para a garota deitada em um dos dois isolantes térmicos que cobrem o chão da barraca.

– Comi sim, Toninho, obrigada!

Essa era Alessandra, minha prima, pessoa com a qual tinha grande intimidade, havíamos vivido muitas coisas juntos. Éramos muito parecidos e por isso nos dávamos tão bem, mas brigávamos com frequência também. Ela é uma pessoa com a qual eu não teria pudor em responder "qual o nosso papel nesse mundo?".

– Vou dormir aqui, eu durmo de lado, não vá me encoxar no meio da noite não, hein!? – brinquei, provocando risos sinceros na companheira.

◊

Sentir-se pequeno,
                    Diminuto.

Observar-se de cima, ver a si mesmo
                    Num canto,
                          Numa quina
        O encanto
            De uma esquina

Tal imagem me é cara. De vez em quando, ao ir à escola; ao estudar; ao fazer compras; ao andar na rua, sou surpreendido por tal sensação. Mas é dentro de uma barraca, entre o céu e o chão, que vivo tal delírio e me encho de prazer. É dentro de um espaço tão miúdo que o mundo se expande e vejo
            Em dimensão
                        O infinito

Enjoos e vertigens

Havia um ano que tinha entrado na faculdade, começado a trabalhar e curtido a primeira calourada. Começava a olhar para mim mesmo como um adulto. Aaah, Nietzsche, queria acreditar que estava me tornando leão. Mas acho que ainda era cedo.

Começava a sentir a leveza da liberdade e o peso da independência. Mas ainda morava com os pais, o que, no Brasil da classe média, normalmente está longe de significar autonomia.

Creck?

                                                      C re ck...

        C   r e c   k....

          C

                                    r

                 e

                                c

                K!

Havia usado aqueles óculos desde o primeiro ano do ensino médio. Não me caíam muito bem, afinal de contas, foram o modelo mais barato que achei na época, mas quebravam um bom galho e já estava acostumado com eles, meus amigos já estavam acostumados com eles, as mulheres já estavam acostumadas com eles. Aqueles eram os meus óculos. Quando pensavam em mim, imaginavam aqueles óculos.

Mas, quebrados como estavam, não podiam mais ser usados, tinha que trocar, então aproveitei para ir na oftalmologista conferir se meu grau tinha aumentado.

Longe
    Esférico O.D. -1,25   O.E. -1,75
    Cilíndrico O.D. -0,75   O.E. -0,75
    Eixo O.D. 175º   O.E. 164º

Perto
    Esférico O.D. +0,25   O.E. -0,25
    Cilíndrico O.D. -0,75   O.E. -0,75
    Eixo O.D. 175º   O.E. 164º

Bem...
Isso significa que...
Isso significa que......
...
Bem, isso significa que meu grau tinha aumentado...

    No dia seguinte estava na ótica, mas, como não tinha muito dinheiro ou não queria gastar o pouco que tinha, minha mãe foi comigo.
    – Olá, bom dia! Estou procurando uns óculos novos – me apresentei ao vendedor enquanto abria a mão para mostrar os velhos óculos quebrados.
    – Bom dia! Tenho alguns modelos que vão cair muito bem no seu rosto. Pode se sentar. Você prefere armação grossa ou fina? Haste de metal ou de plástico? Com nylon ou sem nylon? – O vendedor, cordialmente, buscava prender minha atenção, mostrando vários modelos, me fazendo explorar o máximo possível o meu gosto por óculos a fim de que a vaidade se decidisse pela compra antes que a avareza pudesse intervir.
    Enquanto eu explorava as tantas possibilidades estéticas, as tantas formas diferentes que meu rosto poderia tomar com cada um daqueles óculos, minha mãe se sentou ao meu lado e começou a dar dicas e sugestões como se fosse uma especialista de moda que conhecia todas as últimas tendências da estação.
    "Esse é muito fino, não fica bom no seu rosto."
    "Esse está sendo muito usado, vejo garotos da sua idade todos com ele, é descolado."

"Esse não! Parece óculos de velho."

Sempre, entre uma frase e outra, se certificando de afirmar: "Mas a escolha é sua, pode escolher o que quiser".

Depois de ter dado dicas suficientes ao filho, ela começou a conversar com o vendedor. Falava orgulhosa de sua família, seus filhos e seu marido. Contou que viera comigo para comprar um presente para seu "filhote":

– Você sabe, né? – diz ela – É a mãe que paga.

E o vendedor, profissionalmente interessado em tudo o que ela falava, atento a cada um de seus estímulos, a instigava a falar sempre um pouco mais.

Aquilo começou a me incomodar. Aquela conversa, as cores da roupa da mãe, o olhar que o vendedor me oferecia... meu rosto refletido no espelho à minha frente.

Filhote
    A escolha é sua
        Lá em casa todos são inteligentes!
Sou mãe de três filhos!!
        Um presente para o meu filhote!

    A mãe que paga

        Mas a escolha é sua.

Comecei a sentir vergonha. Vergonha dos óculos. Vergonha do vendedor, vergonha do rosa da roupa de minha mãe, vergonha do dinheiro, vergonha da barba refletida no espelho à minha frente....

Escolhi os óculos o mais rápido que pude para sair daquela situação. Também fiz uma encomenda de algumas lentes de contato que decidi testar. Levei tudo ao caixa, fazendo com que minha mãe se calasse para aquele vendedor por um tempo. Ela tirou o cartão da carteira. Inseriu na máquina. R$ 358,60. Débito. Senha. *Enter*. Operação concluída. Imprimir via do cliente?

1 Sim; 2 Não.

1 Sim.

Sim... sim, ela se orgulhava daquilo. Sim, ela se inflava com aquilo. Sim, ela consolidava seu nome de mãe com aquilo.

O vendedor se despediu daquela mãe e de seu filhote e voltou à sua bancada. Voltamos para casa. Eu agradecendo por aquele favor, ela dizendo: "Que nada, meu filho! Esse é o papel da mamãe."

Na semana seguinte, fui sozinho à loja para pegar os óculos que estavam prontos e as lentes. Cumprimentei o vendedor, que provavelmente mal se lembrou de mim. Peguei a encomenda. Fui para casa, feliz com a visão em HD. Coloquei as lentes na primeira prateleira, ao lado dos livros, e fechei o armário.

◊

Juliana às vezes tinha um jeito duro e direto, mas essa garota que você está prestes a conhecer também já foi muito acolhedora. Lembro sempre de uma cena que marcou o nosso relacionamento:

Nós, sentados em um banco de praça, estamos no início do relacionamento. Eu estou confuso, muito confuso com minha vida. Ela sentia minha dúvida.

Assim como eu busquei sua confissão no dia em que nos conhecemos, ela tentava buscar a minha:

— Você tá muito calado, querido, quê que tá rolando?

— Não sei... eu estou... — Eu não queria falar, sabia disso, nunca fui bom em me abrir.

— Pode me contar, eu estou aqui pra isso.

Eu estava deitado com a cabeça no colo dela, me sentia confortável. Senti que podia me permitir:

— Eu não sei o que fazer, eu não estou curtindo minha vida. Não aguento mais minha família. Não sei se estou no curso certo... eu fic... — Comecei a chorar.

Ela me olhou com certo carinho, com compaixão, talvez com o mesmo olhar que tinha lhe oferecido no dia em que nos conhecemos.

Não lembro exatamente o que mais falei pra ela, mas sei que nesse dia nossa relação mudou. O que antes era um namoro entre duas pessoas mais diferentes do que iguais ganhou um traço, uma linha, uma corda que nos unia: nossa confusão. Cada um com a sua, mas ambos perdidos.

Éramos como dois cachorros com alforjes nas costas que haviam perdido seu dono, tendo, assim, que caminhar sozinhos pela assombrosa cidade. Dois cãomelos que se encontraram por acaso naquela esquina, naquela praça, naquela noite. Por não terem mais um dono, acharam uma boa ideia se unir, pois, mesmo perdidos como estavam, poderiam, talvez, se um tivesse a força do outro, achar seu caminho.

Restava saber se buscávamos um caminho comum ou se usávamos um ao outro como muleta, isso eu estava prestes a descobrir...

◊

Já fazia alguns meses que esse desconforto, o zumbido, aquele carnaval grotesco de cores que me tornava tão próximo da minha irmã Fê começava a ser insuportável. Eu desisti de tentar solucionar o problema que não era meu e queria mesmo era sair fora desse lugar. Passava o máximo possível dos dias fora de casa, dormia na casa de amigos, não dormia em lugar nenhum. Chegava em casa quando já todos sonhavam. Chegava em casa com todos despertos e eu "sonhando".

E foi em uma dessas que a conheci.

Um bar em um típico bairro boêmio de Brasília. Eu, uma amiga e seu namorado. Nos sentamos para beber uma cerveja, comer um mexidão a R$ 8, conversar sobre a vida, os últimos acontecimentos, botar o papo em dia:

— Mas fala aí, Toninho, você me ligou aquele dia meio preocupado, o que aconteceu? — A amiga se chamava Laura. Era pequena, tinha rosto de adolescente. Ela era alguém a quem eu dava muitas dicas e por quem assumia muitos riscos. Alguém com quem não tinha pudor. Alguém que eu entendia e que talvez me entendesse. Alguém que era o oposto de mim, mas que me agradava. Alguém que conhecia há muito tempo, mas que, por vezes, me era estranha.

— Ah, nem foi nada. Eu tava meio triste com uma coisa que aconteceu na faculdade, mas já resolvi. Era só um desabafo mesmo.

;). Mas e você, como anda a vida de casada? – brinquei. Aquele que estava à mesa com a gente, como já disse, era o namorado de Laura, com o qual ela começara a morar há poucos meses.

– Ah! Aquela coisa, né, Toninho? É um pouco difícil, mas é muito legal, né, Chu? Descobri que cozinhar é muito bom! – Ela olhou para seu namorado, olhar que devia carregar a história de todas as brigas e pazes que viveram nos últimos tempos, olhar que era como uma mensagem criptografada que somente os dois tinham a chave para interpretar.

– Dá licença? Muito bonita sua bolsa. – A estranha sentada na mesa ao lado virou pra gente e apontou para o objeto pendurado na cadeira de Laura.

– Muito obrigada! Gostei muito da sua roupa também, comprou onde? – respondeu Laura, educadamente, àquela polida estranha.

– Eu tenho uma loja de roupas, peguei do meu estoque! – Retribuiu com um sorriso – Por que vocês não juntam a mesa com a gente? – Sentado à frente dessa garota estava um rapaz, de 30 e poucos anos, quieto, careca. Pareciam ser um casal.

Nós não hesitamos, gostávamos de conhecer pessoas, principalmente em uma mesa de bar. Juntamos as mesas.

A conversa fluiu bem, inicialmente somente entre as meninas. Com o tempo os homens foram participando. Cada um falou o que estudava ou estudou, com o que trabalhava...

    Roupas,
                    Viagens,
  Hobbies,   Piadas,
       Gostos,
              Prazeres,
                Casos,
                      Acasos,
                Descasos.

Pedimos algumas cervejas, juntamos as contas, um prato de linguiça e um pão de alho. Eu achei a mina bem gata, mas tentava não demonstrar isso por respeito ao homem que a acompanhava.

A madrugada já começava a anunciar o dia de amanhã. 1,...2 ,...3,...4,...5,...6,...7,...8. Oito cascos de cerveja e quatro copos de caipirinha sobre a mesa.

"Quanto ficou para cada um?", alguém pergunta. "Divide tudo por cinco e está ótimo!", foi a resposta. Nos levantamos, fomos até o caixa, cada um inseriu o seu cartão:

Valor. Senha. Aprovado.

Valor. Senha. Aprovado.   Valor. Senha. Aprovado.
Valor. Senha. Aprovado.   Valor. Senha... Negado.

– Laurinha, não sei por que meu cartão foi negado, tem como você pagar para mim, depois te pago? – foi o que disse a estranha da roupa *fashion*. Seu nome: Juliana, Juh. Naquela noite já parecia a melhor amiga de Laura.

– Claro! Depois você me paga.

Se reuniram do lado de fora do bar. Os garçons já fechavam as mesas e limpavam o balcão.

– Para onde vamos? – perguntou Juliana com muita euforia na voz, aquele encontro fortuito a havia animado.

– Vocês fumam um? – O careca que a acompanhava parecia saber dos paranauês.

– Eu não, mas o Toninho sim. – respondeu Laura.

– Bora lá pra casa então? A gente fuma um e continua a conversa.

– Beleza! – Foi o consenso.

Caminhamos alguns quarteirões. Laura e seu namorado à frente conversando baixo. Eu logo atrás com meus pensamentos. O casal de recém-conhecidos por último: ele quieto, ela agitada, ele calado, ela falante, ele sóbrio, ela alterada. Depois de alguns poucos quarteirões o careca anunciou:

– Chegamos! – disse abrindo uma pequena porta de metal que levava a um barracão bem arrumadinho nos fundos de uma casa. – Sintam-se à vontade.

Entramos. Ele nos apresentou a casa. Achei curioso, o quarto do careca era no sótão, uma escada levava do térreo ao vão que existia entre o telhado e a laje, sonho de qualquer criança. Sentamos na varanda. Batemos um papo. Laura estava um pouco contraída. Eu, bem solto.

– Pera um pouquinho, vou pegar o beck pra gente – O careca entrou novamente na casa.

Antes que ele sumisse no interior do barracão, eu pedi licença para pegar uma água: "À vontade! A cozinha é ali. O filtro fica um pouco escondido, mas não é tão difícil de achar".

Fui até a cozinha. Abri um armário. Peguei um dos copos. Procurei o filtro... Estava do lado da geladeira, um pouco encoberto por uma cortina que descia de uma prateleira suspensa na parede – um enfeite, talvez?. Enchi meu copo.

Estava de costas para a porta e alguém se aproximou:

– Achou o filtro?

– Achei – foi minha resposta, surpreso por aquela companhia repentina na cozinha.

A pessoa passou pela porta e se aproximou. Me virei.

– Vim ver como você está, se não está perdido.

– Hehe! Foi difícil achar o filtro, mas não cheguei a me perder. Nos aproximamos para conversar melhor.

– Sabe, no início da noite eu te achei meio calado – a estranha se adiantou – mas te achei bem bonito sabe, seus olhos...

– Bem, obrigado. Hehe. Você também me chamou atenção – respondi, um tanto quanto encabulado e com o coração acelerando.

– Você sabe que, se eu quiser, eu te levo daqui e vamos para outro lugar agora, não sabe?

– ... eh... – Aquela iniciativa ousada me surpreendeu – bem... mas e sua companhia?

– Isso eu resolvo. É uma boa, você topa?

– Bem... não acho a coisa mais legal a se fazer, estamos na casa do cara, vamos fumar a maconha do cara...

– Então você não quer, não é? – Um tom de desafio vinha da voz de Juliana, era como um convite para um jogo, ela estava atenta para saber se eu queria jogar. Acho que aquilo a excitava, a animava, imagino que ela devia sentir a euforia subir pelas entranhas.

E eu começava a ouvir aquele canto que parecia vir do mar, o vazio começava a se abrir à minha frente.

— Bem, eu quero, mas não acho justo. – foi a resposta tímida, mas envolvida que dei. Não percebi, mas o precipício começava a me seduzir também.

— Então deixa comigo. – foi o ultimato dela.

Ela chegou perto e me deu um beijo. Um beijo sujo, decadente, prazeroso. Um beijo de dois bêbados cheios de tesão e sem nenhuma equilibrista por compensação.

Nos encontramos novamente na varanda. Um observador atento poderia perceber a mudança de paradigma nos olhares entre mim e Juliana.

— Bem! Aqui está! – disse o careca mostrando um cigarro feito de guardanapo.

Ele acende, dá uns tragos, a roda se forma ao seu lado, a bola começa a passar.

Todos começam a ficar loucos, menos Laura, que não fuma. Ela nunca gostou de fumar, podia beber quatro vezes mais que qualquer amigo, mas fumar, não. Seu pai fumava maconha diariamente...

— Gente, a gente vai indo. – anunciou Laura.

— Não! Fica mais! – retrucou Juh, bem maluca.

— Já tá tarde, temos que ir. Vai com a gente, Toninho?

— Eeeh... – hesitei, olhando ora para Juh, ora para Laura.

— Sim, nós vamos! – decidiu, então, Juliana, se aproximando de mim e dando novamente aquele mesmo beijo na frente dos outros três companheiros, na frente daquele cortês anfitrião.

Acho que ela sabia que não tinha necessidade daquele beijo, mas queria me colocar em uma situação em que eu não tivesse escolha, em que ela não tivesse escolha: Se Laura ia embora e se eu e Juliana éramos declaradamente amantes, então eu teria que acompanhar a amiga e o mesmo valia para Juliana: não seria mais decente ficar na casa daquele velho estranho depois de tê-lo traído com esse novo estranho.

Aquilo surpreendeu Laura e seu namorado, aquilo entristeceu o ex-amante careca.

— Que isso, Juh? Poxa, eu tô te curtindo – O careca tinha confusão nos olhos. Imagino que, até então, na cabeça dele, havia faturado a transa da noite: era tarde, em breve aqueles estranhos iam embora e ele poderia ficar sozinho com aquela bela garota que tinha conhecido pelo Tinder.

– Eu te falei! Eu preciso de um homem que faça uma história comigo. Daqui a seis meses você vai estar no mar novamente. – Ele era marujo em um cruzeiro internacional.

Antecipando o início de uma briga de casal que não queria presenciar, Laura se adiantou: "Bem, gente, estou indo embora. Vamos, Chu?".

– Espera aí que vamos com você – completou Juliana, falando por ela e por mim.

Laura não demorou para tomar seu rumo e começar a caminhar até a porta de saída com seu namorado. Eu não tinha certeza se deveria esperar Juliana, mas com certeza queria sair daquele lugar. Fui atrás de Laura. Juliana, querendo evitar que aquela discussão se prolongasse, me seguiu. E o antifrião... por cordialidade foi acompanhar os convidados até a porta, mas, por esperança, seguiu ao lado de Juliana:

"Peraí, vamos conversar!!"

"Você não pode sair assim..."
um abraço
                      uma tentativa de beijo
uma lágrima

Ela não dava muita conversa, tendo como principal argumento "Eu preciso de alguém que possa construir algo comigo".

O motivo pelo qual Juliana me considerava uma opção melhor do que aquele match de Tinder para ser "alguém que possa construir algo" com ela eu não vou saber te dizer... afinal de contas, ela mal conhecia ambos os pretendentes. Mas é bem possível que ela tenha percebido em mim, inconscientemente, traços daquele personagem que, em sua infância, alimentava sua Vertigem. Da mesma forma como eu, sem saber, me encantei por ela por sentir em seus trejeitos vestígios de uma mulher que poderia me bater e acariciar como uma mãe.

Percorremos todo o corredor entre o barracão e o fundo do terreno, paramos em frente à porta que dava para rua, o Careca tentando se entender, Juliana, se desentender. Ela via na rua um novo mundo a ser explorado. Ele via a angústia de não a ver mais. Ela querendo dar um passo para fora. Ele tentando mantê-la lá dentro.

Juliana não conseguiu se desvencilhar tão facilmente de seu ex-amante. Teve de me deixar esperando na porta, com a promessa de que em breve estaria de volta, e retornar com aquele insistente rejeitado para a varanda da casa para conversarem.

5, 10, 15, 20 minutos...

Laura já estava incomodada de ter que adiar sua cama por uma estranha que mal conhecia, por um problema que não era seu.

Por fim, Juliana volta pelo mesmo corredor que percorrera há pouco:

– E aí, como foi? – perguntei.

– Conversei com ele. Ele entendeu. Sou toda sua, gato! – respondeu, me dando um abraço.

– Então vamos! Porque eu quero dormir! – pontuou Laura, incomodada.

Juliana, eufórica, se virou de costas para a rua e caminhou em direção à porta. Pegou a maçaneta. Puxou e... blamm!!! A porta se fechou, deixando aquele homem tão educado lá dentro e nós lá fora, naquela rua escura que nos ligava a tantas outras ruas, que formavam uma rede que abraçava todos os cantos, os becos, as retas quase bem projetadas daquela cidade. E ele lá dentro, tendo como única via a percorrer o corredor que vai da varanda à cozinha, da sala ao banheiro, ao quarto e, por fim, aquela escada que o levaria para cima. Para aquele lugar que alimenta a imaginação de qualquer criança.

◊

Aquilo tudo me excitava, aquela mulher, sua atitude, a noite, a maconha e o álcool no sangue... e aquela rua escura que prometia uma madrugada única.

Caminhamos sem rumo por algum tempo. Tempo que, na minha cabeça, não conseguia ser medido, pois se desfazia em meio à peculiaridade quase surreal daquela noite.

Juliana caminhava por aquelas esquinas com naturalidade, as conhecia desde a infância. Eu a seguia, registrando cada cruzamento como uma nova descoberta na memória.

Juliana falava de seus primeiros amores, do tesão do sexo, das obrigações da vida adulta, das loucuras da adolescência. Eu não falava quase nada, por algum motivo sentia que aquela conversa era supérflua, estranha.

Mas, a cada passo, a cada beijo que dávamos apoiados em árvores ou simplesmente parados no meio da calçada, nos conhecíamos um pouco mais, nos confundíamos um pouco mais.

Quanto mais conversávamos, mais Juliana queria falar e mais eu queria escutar. Não demorou muito para que eu sentisse o chão se romper sob meus pés e o desejo de cair crescer dentro de mim, me levando a querer mergulhar no âmago daquela mulher. Ela, por sua vez, também devia sentia a Vertigem sussurrar ao ouvido, pedindo para abraçar aquele homem com tal firmeza que eu me grudasse a ela como a alga ao fungo o fazem ao formarem o líquen.

– Você é tão gostoso! Quero dar para você! – As mãos de Juliana desciam por dentro das minhas calças.

Duas horas haviam se passado desde que nos despedimos de Laura, que devia estar dormindo com o namorado na cama. O silêncio da rua indicava que não só Laura, mas provavelmente todo o bairro dormia.

– Calma! A gente está no meio da rua! – retruquei, tentando me desvencilhar.

– Foda-se! Ninguém vai ver não!

Ziiiiip!! Os zíperes das calças jeans se abrem, guiados pelos dedos firmes de Juliana, que não se demora em abaixar também a cueca, expondo um pau semiflácido pronto para ser chupado. Ela me pressionou contra o muro que separa a calçada do prédio de esquina e passou a língua em volta do meu pau, os lábios e, por fim... sua boca.

Fiquei aflito, era a primeira vez que uma mulher fazia isso comigo. Não só a primeira vez que uma recém-conhecida me abaixa as calças no meio da rua, ou que me joga contra a parede às três da manhã... mas também a primeira vez que uma mulher coloca meu pau dentro de sua boca. E, para piorar, a voz do vazio abaixo de mim que dizia: "Você tem que conhecer essa mulher", "Ela parece confusa!", "Não é só sexo que ela quer!". Essas palavras me vinham em primeira pessoa, eu falando comigo mesmo, eu mesmo falando comigo.

Era o Antônio falando com o mesmo (ou o outro?) Antônio que não era correto me entregar a essa mulher sem antes saber o porquê dessa neblina que ofuscava seus olhos sempre que me falava algo sobre sua realidade ou seu passado.

   10...
     18...
        35...
           88...
               123...
                     134 segundos aproximadamente

foi o tempo necessário para que meu pau passasse de mole a duro e então a mole novamente. Tempo menor do que eu esperava e, com certeza, do que ela também.

– Você não quer transar comigo? – foi a reação natural de Juliana àquele ocorrido, tentando jogar em si a responsabilidade que era minha.

– Não! Não é isso! Eu te acho maravilhosa, mas não acho que é isso que temos que fazer agora.

– E o que é que temos que fazer agora? – Juh se incomodou.

– Temos que conversar. Eu quero te comer, acredite, mas vamos sentar em algum lugar para trocar uma ideia.

Afastei-a. Subi as calças e fechei meu zíper.

– Tudo bem, sobre o que quer conversar? – Ela parecia meio puta com a situação.

– Não sei... é... você não acha que a gente está meio afobado? – Para mim era claro. Sempre que Juliana falava algo, eu sentia a ansiedade dela, sentia sua dúvida, sua angústia.

– Não estou te entendendo, a gente só está se pegando! – Para ela também devia ser claro. Sempre que ela me respondia algo, sentia sua própria ansiedade, sua própria dúvida, sua angústia refletidas em mim.

Estamos nos conectando.

— Vamos sentar naquela praça que a gente viu ali atrás? — Há algumas quadras havíamos passado por uma praça dessas que parecem uma grande rotatória na interseção de ruas.

Retornamos pelo caminho recém-percorrido. Eu tentava extrair dela alguma confissão, algum desabafo, provocar uma catarse que a fizesse revelar o porquê daqueles olhos pálidos. Juliana se esquivava o máximo possível das perguntas que pudessem comprometer sua imagem de mulher forte e bela.

Foi aí que comecei a sentir a Vertigem se espalhar por todo o corpo. Como no alto de uma cachoeira, ao olhar para baixo, primeiramente a mente se deixa seduzir por aquela água escura, dentro de segundos vem a dicotomia: o desejo de pular e o medo de cair se espalham pelo corpo, indo do fio de cabelo até a sola do pé, preenchendo cada tecido, cada órgão; exalando dos poros, percorrendo todos os pelos, eriçando-os e, por fim, causando aquele frio na barriga. Segundos antes de saltar sinto a explosão e a adrenalina. O desejo de pular irrompe do íntimo junto com o medo de cair que vem no seu encalço.

Até esse momento eu estava no alto da queda, olhando para baixo e vendo Juliana refletida no espelho da água. Eu transpirava, a cada instante, o medo e o desejo. Mas foi ali, ao chegar naquela praça, ao sentar junto dela no banco e ao fazer a pergunta que fez brotar lágrimas nos seus olhos que, por fim, saltei e mergulhei fundo nessas águas que me encantavam.

◊

Ela sentou do meu lado, parecia confusa. Eu sentia que ela queria conversar, mas ainda não permitia se abrir totalmente.

— A parada é só trepar? É isso mesmo que você quer? — Eu já tava ficando cansado.

Não sei se ela estaria disposta a fazer o que fez em seguida se não fosse aquela hora da madrugada, depois de muitos litros de cerveja, duas caipirinhas e alguns tragos. Acho que já se sentia cansada demais – ou doidona demais? – para continuar seguindo o roteiro que normalmente seguia com os homens.

De súbito ela me abraçou e, nesse instante, tenho a impressão de que ela também se sentiu saltando de uma cachoeira. Com lágrimas nos olhos, disse:

– Eu não estou muito bem não, me sinto um pouco sozinha... é difícil achar amigos verdadeiros, parece que o mundo só quer me foder! – Ela me abraçava, abraçava este familiar estranho.

– Te foder como? – insisti, excitado por finalmente desvendar aquela mulher, sentindo uma enorme... compaixão?

Compaixão: 1. Sentimento de pena, dó. 2. Com – paixão; compartilhar paixão; sentir o sentimento do outro.

Dali em diante, Juliana falou e eu perguntei. Ela me contou de sua vida, de seus medos, seus vícios.

    Vivia com o pai

                      Visitava sua mãe

        Tentou suicídio

          Bebia demais

                   Fora internada

      Tomava remédios

                      Se cortava

Foram alguns minutos de conversa, meia hora talvez, uma hora? Quem sabe...

    Ela falava

                  Me abraçava

      Chorava

                  Me beijava

E eu recebia tudo, abraçando-a com maciez e conforto, atento a cada um de meus próprios movimentos, a cada uma de minhas próprias palavras para que não causassem nenhum arranhão.

Conforme ela falava, eu sentia seus músculos se relaxarem. Pouco a pouco, sentia seu corpo ficando mais leve próximo ao meu. Parecia até que ela ficava com sono.

Enquanto eu escutava, sentia meus olhos se abrirem, o cansaço ir embora, os músculos contraírem e a mente, em alerta, se agitar... euforia.

Quando terminou de falar, senti que ela estava bem mais calma.

Nós estávamos abraçados, Juh ainda com lágrimas no rosto, com a cabeça suave repousada sobre meu ombro. De súbito, sem expressar nenhum sinal que antecipasse sua ação, ela levantou o rosto e começou a beijar minha nuca, a me lamber a orelha. Me forçou contra o banco, me obrigando a deitar sobre o assento. Não ofereci resistência, sentia que agora já podia me entregar àquela mulher sem sentir remorso. Ela foi rápida, já sabia o que fazer, como fazer e quando fazer.

    Tirou minha blusa
        Abaixou minhas calças
    Encontrou um pau duro
    Tirou sua blusa
  Massageou seus próprios seios
        Levou a boca aos meus mamilos...
   Ao abdômen...
        Pelo umbigo...
   Até a virilha.
    Passou a língua em volta daquele pau duro
  Começou a chupá-lo

Eu estava excitado, estava aliviado, havia me livrado do peso de me preocupar com as palavras não ditas. Havia me entregado à minha Vertigem, ao delicioso desejo, ao excitante medo.

Ambos nos deliciávamos com o tesão, que vinha muito mais das mentes que dos corpos. As bocas molhadas, os corpos cruzados.

A rua era silêncio, a praça escura, éramos dois corpos nus em meio à cidade, entre o cimento e o céu. Mas o silêncio foi quebrado por nós mesmos. Não se deve esperar que se faça algo sem receber algo em troca, ação e reação. Quebramos o silêncio da noite, da praça, da vizinhança.

O eco dos nossos gemidos.

Se escutassem o eco escutariam os gemidos.
Se escutassem os gemidos escutariam o eco.
Eu sabia disso, conhecia a lei da física. Comecei a me distrair do corpo de Juh. Comecei a dar atenção aos ecos da noite.
  Um carro,
         Uma buzina,
     Um passo
          Um inseto
      Dois passos
         Um grito!

◊

– Que pouca vergonha é essa!! Eu vou chamar a polícia!
Em uma das esquinas das ruas que deságuam naquela praça havia um estacionamento. Se tivéssemos reparado nos edifícios ao redor talvez teríamos visto aquele estabelecimento e sua placa de funcionamento 24 horas e, consequentemente, chegado à conclusão lógica de que ali devia haver um vigia que passava todos os dias dentro daquele galpão vazio, não fosse por um ou dois carros de alguns mensalistas que pagavam a pernoite. E, se tivéssemos visto o estacionamento e previsto o vigia, levaria somente um pouco mais de raciocínio para deduzirmos que esse provável vigia já devia estar habituado ao seu trabalho, acostumado com o galpão, familiarizado com a rua, proficiente naquela esquina, afeiçoado àquela praça: seus ruídos, seus ecos, seus vultos. E, por não ter muito o que fazer, devia brincar de escutar a noite e identificar suas vozes, registrando em sua mente, dia após dia, os sons que eram rotineiros e aqueles que eram visitantes.
– Ei! Podem parar com essa sem-vergonhice! Querem fazer isso, vão para outro lugar! Aqui não! Vou chamar a polícia! – gritava o vigia, já abrindo o portão do estacionamento e dando os primeiros passos calçada adentro.
Assustados, rapidamente pegamos nossas roupas, escondemos o pau e as tetas expostos e nos pusemos a andar, ignorando aquele homem que nos seguia com os olhos dando lições de moral e dizendo o quanto aquilo era uma perversão.

– Agora podemos ir a um motel e terminar o que começamos? – questionou Juliana com sarcasmo enquanto nos distanciávamos daquela praça e daquele homem.

Eu, não fosse por alguma conexão feita consciente ou inconscientemente, teria, sem hesitar, respondido que sim... mas, já há alguns minutos do "é isso mesmo que você quer?" e a tantos segundos da boca dela no meu pau, havia tido tempo suficiente para pensar no que aquela confissão dela poderia significar: suicídio; bebida demais; remédios. Com a ajuda da adrenalina e da testosterona que inibiam o álcool em meu sangue, consegui recobrar um pouco a noção de tempo e questionar a decisão de pular daquela cachoeira.

– É... – hesitei, olhando para um lado, olhando para o outro – vamos... é... vamos.

Não foi difícil para Juliana perceber minha dúvida. Ela também já devia estar consciente do tanto que havia se aberto para um estranho que acabara de conhecer. Também hesitou, mas sua hesitação não se manifestava como uma dúvida, um gaguejo ou um silêncio:

– Então, você não gostou de mim, né? Eu me abri e você não quer mais ficar comigo... – ela constatava isso em tom de sofrimento, sendo sincera, mas havia uma intenção a mais na sua voz que não consegui identificar.

– Não! Claro que não! Eu quero ficar com você, sim! Só fiquei meio assustado com o que acabou de acontecer. – me apressei, a fim de consertar a gafe da hesitação.

Retomamos então os passos de mais cedo, só que agora já eram diferentes. Já havíamos nos tocado, já havíamos confessado, ao menos de uma das partes. E Juliana sabia para onde ir. Por conhecer aqueles caminhos desde a infância, ela continuava a ser a pessoa a guiar a marcha:

– Aqui perto tem um motel drive-in, que fica aberto 24 horas, bora lá?

Fomos caminhando pelas ruas, de esquina em esquina, sem falar muito, pois agora não havia tanto a falar, mas brincávamos, comentávamos, com muito mais naturalidade, sobre o aspecto engraçado de uma árvore ou a estética psicodélica de um grafite. E a hesitação de momentos atrás parecia me abandonar.

Chegamos no drive-in sem maiores problemas a não ser por uma travessia arriscada de uma avenida barra pesada da região, que se deu graças a uma carona que, por incrível que pareça, conseguimos àquela hora da noite.

... mas essa história fica para outra ocasião...

Chegamos no motel. Entramos no quarto. Trancamos a porta. Tiramos a roupa. Começamos a nos beijar, a nos excitar. Nos jogamos na cama. Tive dificuldades de ficar duro. Decidi colocar a culpa na bebida:

– Bebi demais! Bebida me fode!

– Sem problemas.

Fiz a única coisa que podia fazer para satisfazer aquela mulher nas condições em que estava. Coloquei a cabeça entre as pernas dela. Lambi devagar. Aumentei o ritmo. Meti meu dedo. Sempre em movimentos delicados, mas firmes. Fiquei ali. Mecanicamente. Até perceber os sinais. Gemidos mais altos. Contração das pernas. Espasmo. Relaxamento. Silêncio e... por fim... aquele gosto açucarado na boca. Parei. Cansado. Envergonhado. Me deitei de lado. E tentei até dormir.

◊

No outro dia, ou no mesmo dia? Acordamos cedo, na verdade, mal dormimos. Já sóbrio, ou quase, pensei na noite anterior e senti certa vergonha. Juh também parecia angustiada.

       Ela havia se aberto

                      Eu havia chapado

   Ela havia dado

                      Eu... brochado...

Nos pegamos mais um pouco. Dessa vez, não tive dificuldade em ficar duro. Meti nela. Gozei rápido. Era a primeira vez que gozava dentro de uma mulher. Não era a primeira vez que gozavam dentro de Juliana.

Nos levantamos. Colocamos as roupas. Saímos do quarto com a frieza de quem acabara de passar a noite com um estranho que conhecera na balada. Pagamos o pernoite... é... na verdade, eu paguei o pernoite: "Essa fica por sua conta!", foi o que ela me disse.

Pegamos um táxi. Ela ficou em sua casa. Nos despedimos timidamente prometendo nos ver novamente, mesmo sem a certeza disso.

Para meu alívio, já que, com a extravagância da noite passada, eu sabia ter atingido o crédito especial em minha conta bancária, Juliana deixou 20 reais a mais com o taxista pedindo que deixasse aquele segundo passageiro em casa.

.   .   .

Passos podiam ser ouvidos do lado de fora. Ela já antecipava quem estava por chegar. Aquela cena já havia se repetido algumas vezes no passado e ela torcia para que não se repetisse no futuro, mesmo sabendo que isso era pouco provável. Nhéééééque... a porta se abria. Em seu íntimo, ela sentia a fúria e o pesar lhe subirem pelo ventre... antes mesmo de constatar que era mesmo a pessoa que imaginava que entrava pela porta, a súplica irrompeu de sua boca:

– Onde esteve, minha filha!? Seu pai me ligou preocupado ontem à noite! Disse que te ligou 20 vezes!

– Eu estava bebendo, mãe! Bebendo! – retrucou a filha, passando direto por sua mãe, que a esperava na sala de entrada, e indo em direção ao quarto.

– Juliana, minha filha! Você sabe que não pode beber! Nós queremos te ajudar, mas você tem que colaborar!

Blammm! A porta do quarto de Juliana se fecha e nenhuma resposta vem a essa segunda súplica de sua mãe. Na verdade, a única resposta que veio daquele quarto quando a mãe bateu na porta várias vezes com a esperança de conversar com sua filha foi: "Vou dormir! Se meu pai ligar, fale que já ligo para ele!"

E foi assim... pelas quatro horas seguintes, o pai e a mãe ficaram se perguntando o que havia acontecido na noite anterior. Mas, já acostumados a esses episódios, sabiam lidar com a angústia. E... pelas quatro horas seguintes, Juliana ficou com a cabeça enfiada no travesseiro, se recuperando da ressaca, sentindo o remorso e a culpa de, mais uma vez, ter se entregado à sua Vertigem. Ou, ao menos, foi isso que ela me contou depois.

. . .

Nhéééeque!! A porta se abre. O silêncio paira sobre a sala. Da cozinha vem a vinheta do jornal da manhã pronto para anunciar as notícias do dia. Eu atravesso a sala, passando pela porta da cozinha e torcendo para não ser notado:
— Chegou agora? Por que não avisou nada? Ficamos preocupados! — Uma voz masculina firme me questionou, atravessando aquela porta.
— Estava tarde, não quis acordar vocês — respondi friamente, torcendo para que aquela conversa terminasse naquelas duas frases.
E terminou. Eu pude entrar em meu quarto sem ter que cruzar os olhos com meus pais. Me deitei na cama às onze, como pouco costumava fazer, e dormi um sono confuso, angustiado e culpado. Havia bebido demais, havia brochado, havia gastado o que não tinha para gastar e, por fim, estava dormindo tarde, horário no qual não podia senão estar acordado, em plena normalidade. Mas, por outro lado, dormia um sono fantástico, pois havia conhecido a mulher que me causava euforia, maravilha, simbiose, que alimentava minha Vertigem.

PARTE 03

Emancipação

"Se penso em alguém, mesmo que despretensiosamente, é bem provável que este alguém também pense em mim."

Era assim, como já te disse, que eu encarava a memória – não a memória individual, mas a memória compartilhada.

Ao longo dos dias seguintes, após meu encontro fortuito com Juliana, percebi que pensava nela com frequência e, pela lógica estipulada por mim mesmo, era bem provável que ela também pensasse em mim.

Pelas duas semanas sucessivas ficamos sem nos falar e eu, como de costume, começava a me esquecer daquele dia, a me esquecer do:

"É muito bonita sua roupa."

"Sentem-se com a gente!"

"Vamos fumar um?"

"Tive um pouco de dificuldade de achar o filtro."

O beijo

O corpo

A Vertigem

O banco da praça

"Isso é uma sem-vergonhice!"

E o medo de deixar aquela noite tão emocionante se perder em meio a tantos arquivos de minha memória me fez buscar o reencontro que me ajudasse a lembrar:

E aí, já se recuperou da ressaca?

> Hehehehe! Já! Mas tô bebendo de novo. 😊

> Só cuidado para não ficar que nem a gente naquele dia, hein! 😊

> Hehehehe! Pode deixar! Estou na festa de aniversário do meu irmão. Ficar chapada em família não rola!!

Visualizado 11:23

12:38
> Talvez eu me arrependa disso, mas deixa eu ser sincero. Eu curti bastante nosso rolê, gostei bastante de vc, não anima de sair de novo não?

Visualizado 13:28

. . .

(Você fica ansioso quando a pessoa demora para te responder, não fica?)

16:58
> Estou começando a me arrepender...

17:16
> Desculpa... não respondi porque tava na mesa com o pessoal...

Mas eu gostei bastante de sair com você! Na verdade. Ehhhh... Eu pensei em te ligar outro dia mas fiquei na dúvida do que você ia achar.

Ué, por que ficou na dúvida?

Bem... achei que poderia ter me achado muito fácil. Me comeu e pronto.

Que isso! O motel nem foi o mais legal da noite!

19:22

Que bom que acha isso... Vamos marcar de encontrar, então?

Vamos sim... Alguma ideia?

Visualizado 19:21

Vou em um show na Praça dos Cristais próximo sábado com meu irmão, bora?

Que horas?

18h. Tem que pegar ingresso antes

> Beleza! Marcado então! A gente vai se falando até lá qualquer coisa

> Tranquilo! Bju! Nos vemos sábado então

> Bju! Foi bom conversar com vc

> Digo o mesmo 😌

◊

— Alô!
— Alô! E aí, Fê, como você tá?
— Estou bem. E por aí, como andam as coisas? Como vão papai e mamãe?
— Naquela mesma, a gente mal se fala... já tem um tempo que eu sinto que o clima aqui em casa não vai bem, somos quase que estranhos um para o outro – respondi, com sinceridade franca, pelo microfone que transmitia minha voz pela rede enquanto olhava para a tela do computador onde uma aba exibia o rosto da minha irmã mais velha.
— Pois é, cara. Mas é aquilo que já te falei! Você tem que focar em você agora!

Um mês antes do meu encontro com Juliana eu entrei em contato com Fernanda, que não morava na mesma cidade que eu. Não costumávamos nos falar com muita frequência, mas, com aquela ligação na qual expus as dúvidas com as quais estava vivendo, Fernanda, quase dez anos mais velha que eu e adulta já há muito mais tempo, se propôs a me ajudar na tentativa que eu estava disposto a empreender de solucionar aquele quebra-cabeça angustiante que estava vivendo.

Desde então, nos encontrávamos todas as sextas, às 21h, por Skype, compromisso que eu negligenciei algumas vezes e que me deixava ansioso, pois Fê não pegava leve nas provocações e nos questionamentos e, por mais que eu apresentasse argumentos que justificassem minhas atitudes e escolhas, minha irmã nunca parecia satisfeita:

— Você tem que focar em você agora! Pensou no que te falei semana passada? — foi o primeiro questionamento da noite.

— Sim! Até fiz o que me sugeriu e tentei enumerar minhas prioridades — Desviei o olhar da tela pedindo licença. Na tela do notebook de Fernanda, a muitos quilômetros de distância da minha, a imagem do irmão mais novo se levantou da cadeira na qual tinha permanecido até então.

Poucos minutos depois, a mesma imagem voltou e ocupou o mesmo lugar de antes, mas, dessa vez, um elemento novo compunha aquele quadro de transmissão maximizada em sua tela.

— Vou ler para você, pode ser? — dei continuidade assim que me sentei em frente ao computador novamente, agora com aquele caderno em mãos, caderno no qual costumava, por vezes, escrever muitas coisas, mas que também passava longos períodos enterrado em meu guarda-roupas.

— Manda ver!

— Essas últimas semanas passei um pouco mal. Angustiado. Me perguntando: "O que vou fazer da minha vida?"; "O que quero fazer da minha vida?" ... Entrei na faculdade pensando em me tornar um escritor. Acabei por parar de escrever. Comecei a dar aulas de português para crianças. Consegui uma bolsa na faculdade. Tirava 90, tirava 100 em matérias, agora tiro 70, 60... 50. Algo me incomoda, não me sinto parte disso, não me sinto à vontade lá. Porém me sinto obrigado a terminar o que comecei. "Você vai se dar bem em qualquer coisa que escolher." Foi o que uma professora minha me disse no final do ensino médio. E por que é que estou dando errado? Por que é que, ao acordar de manhã para ir à aula, eu quero mais é ficar em minha cama, de olhos fechados, porém acordado, até as 11h?

Fiz uma pequena pausa para tomar um ar e pensar no que acabara de ler e então continuei:

— Nas últimas semanas, tenho tido experiências que me ajudaram muito a pensar em minhas prioridades. Digo principalmente porque, antes disso, desde abril, tenho passado a maioria dos dias agoniado e me sentindo perdido, culpado. Na semana passada, apresentei em um sarau, algo que não fazia há MUITO tempo, e curti o prazer imenso que tenho em recitar e escrever, maior do que o que eu tenho em estudar. Acredito que sou "escritor – acadêmico" e não "acadêmico – escritor".

– Além disso, dei aulas para crianças e conheci uma escola regular aqui perto de casa com a qual me encantei. Lembrei da aptidão que tenho em lidar e trabalhar com pessoas. Inclusive, quando entrei na Letras, acreditava que ia ter contato com pessoas através de meus textos: transmitir sentimentos, trocar sensações, mas não foi isso que aconteceu. Assim, estou acreditando que sou um:

Professor – escritor – pesquisador
    Ou talvez um
Escritor – professor – pesquisador
    E por que não...
Professor / escritor – pesquisador

Observem que coloquei "pesquisador" e "professor" como dois ofícios separados. Mas não seria um pesquisador acadêmico necessariamente um professor? Afinal de contas, a maioria dos acadêmicos dão aulas, certo? E, portanto, são professores...

"Bem... não é bem por aí" – eu pensava, e ainda penso. Muitos professores da academia estão longe de ser bons professores, estão longe de ser educadores, estão longe de ser mestres...

– No âmbito pessoal, conheci, há duas semanas, uma mulher um pouco perdida, como eu, mas em seu próprio acaso, que me ajudou muito a olhar para meus problemas, meus medos, traumas, travas, inibições e manias que se tornaram muito mais claras para mim. E, apesar de ser uma coisa recente que eu ainda não superei / solucionei / resolvi, creio que, se mantiver o *mindset* no qual o encontro fortuito com essa mulher me colocou, vou ser capaz de desvendar mais sobre esses assuntos de mim mesmo e trabalhar para superá-los, mudá-los, resolvê-los, digeri-los.

Terminei de ler aquela entrada do meu diário. Coloquei o caderno de lado e olhei para a tela do computador, ansioso para saber a opinião da minha irmã em relação ao que acabara de lhe compartilhar:

– Então, foi mais uma viagem que tive mesmo, são algumas ideias, não sei se fazem sentido... o que acha? – tentei me justificar, receoso do que Fê poderia achar daquele desabafo.

– Interessante! Mas e aí? Levando isso pra prática, o que você vai fazer com isso? Como esse texto te ajuda a entender aonde você quer chegar? O mais importante é sabermos aonde queremos chegar. – Fernanda era uma pessoa da prática e não parecia satisfeita com a resposta um tanto quanto poética que dei para meu dilema. E insistia: – Aonde você quer chegar? O que você quer ser? Você falou aí de um monte de coisas: aulas, academia, escrita. Disse que está gostando de dar aulas, certo?

– Sim, comecei a dar aulas para crianças e estou gostando bastante.

– E é isso que você quer? Ser professor?

– Ehh... – hesitei.

. . .

– Não sabe me responder, né? Tudo bem, não precisa ter a resposta para todas as perguntas, não. E a escrita? Qual foi o caminho que grandes escritores fizeram?

– Olha... não sei sobre todos, mas Fernando Pessoa, que é um que eu admiro muito, estudou Letras na Faculdade de Lisboa, muito renomada.

– E por que você não faz que nem ele?

– Bem... eu até já pesquisei sobre ir para lá, mas não sei... gosto muito do Brasil e sinto que, se for para lá, estarei abandonando meu país. Se não formos nós, brasileiros, a mudar o Brasil, quem o fará?

– Tudo bem... mas se você não está gostando do curso e gosta de dar aulas, por que não pede transferência para licenciatura, então? – Fê insistia em tentar achar uma solução para meu mal-estar.

– Eu penso nisso... estou fazendo algumas matérias na licenciatura já, mas não concordo também com a visão que eles têm de educação.

– Pô, cara!! Então tá difícil! O que é que você quer, então? E não me venha com "Eu quero viajar o mundo...", porque isso todo mundo quer.

Fiquei em silêncio por um tempo... não sabia dar uma resposta... Gostava de escrever, apesar de ter deixado tal ofício de lado nos últimos tempos, mas gostava também de dar aulas e, além de tudo, dar aulas tem sido o meu ganha pão ultimamente. Mas havia algo que, como professor, às vezes sentia: me dedicava demais sem receber o reconhecimento que me parecia devido, seja por parte dos alunos, seja por parte de meus chefes. Quebrava a cabeça para bolar atividades que agradassem mais às crianças, mas elas pareciam não querer estar ali na sala de aula, mesmo nessas atividades divertidas. Me dispunha e me dedicava à escola mais do que os outros professores pareciam fazer e, mesmo assim, as únicas palavras que recebia de minha coordenadora vinham em forma de grito. Ela insistia em pontuar os pequenos detalhes que eu errava e esquecia ou fingia não ver quando eu acertava.

– Ehhh... bem... eu quero... eu quero ser professor.

– Tem certeza?

– Sim...

– Então por que é que hesitou para responder?

– Ehhh... não sei... bem... Gosto de dar aulas, mas gosto de muitas outras coisas também... – A dúvida voltou a incomodar. Sabia que hesitaria, pois não tinha certeza do que queria, mas não queria admitir isso para minha irmã.

– Tudo bem... hesitar não é um problema, mas você tem que saber o porquê de ter hesitado.

Fernanda falava como uma psicóloga ou uma *coach*. Tocava sempre no meu ponto de inquietude, me obrigando a assumir um posicionamento em coisas das quais há um tempo me esquivava.

– Eu não sei, Fê... eu... eu não tenho certeza do que eu quero...

– Tudo bem. Isso já é um começo. Mas preste atenção: você tem que focar! Escolha uma coisa e a faça bem. Se todo mês vier com um projeto novo, você não vai sair do lugar. E, bem, a primeira coisa que tem que fazer é trabalhar, juntar seu dinheiro. Tenha uma renda mensal que te sustente e saia da casa dos nossos pais, isso vai te fazer bem. Mas mantenha a calma, vá com calma. Tenho que desligar agora, mas semana que vem a gente continua. Qualquer coisa é só me mandar um WhatsApp. Um abraço!

– Valeu! Obrigado pela ajuda! Um abraço, até semana que vem! Quem irá desligar? Essa é a pergunta que eu me fazia sempre que terminava uma conversa com alguém por Skype. E, na dúvida, esperava ao menos alguns segundos para ver se meu interlocutor tomava a iniciativa. Nesses segundos, sempre reparava no chiado do microfone do outro lado da linha, que me chegava aos ouvidos pelo fone. Esse chiado marca o silêncio que é esperado assim que as despedidas são feitas. Esse silêncio inibe a fala, pois, em teoria, marca o fim da conversa. Essa situação é muito parecida com aquela de quando você se despede de um conhecido que acaba de encontrar na rua sem saber o caminho que ele irá tomar para casa e, para sua surpresa, ele segue a mesma direção que a sua. O que fazer? As despedidas já foram feitas, será que devemos retomar a conversa? Ou devo acelerar o passo para que a distância conclua a despedida?

Eis que minha irmã, poucos segundos após minha última fala, clica com o mouse no círculo vermelho com um pequeno telefone branco estampado em seu interior, encerrando a chamada.

Fechei o Skype, olhei para a hora marcada na barra de ferramentas do computador: 22h40. Hora de dormir, pensei. Tirei os fones do ouvido e os olhos da tela. Eis que estou na sala de casa. Do quarto dos meus pais, a televisão anuncia a chamada da programação noturna da Globo: Tela Quente? Zorra Total? Futebol? Ou seria Fantástico?

Para mim pouco importava, provavelmente até para minha mãe e meu pai. Deitados na cama em frente à tela, pouco importava qual seria o programa que ouviriam naquela noite. Levantei. Fui ao meu quarto. Tirei algumas roupas amarfanhadas de cima da cama. Joguei-as no chão. Deitei: com a barriga para baixo... de barriga para cima... de lado... e ... finalmente, em posição fetal. A minha preferida para dormir, a mais recomendada pelos ortopedistas. Peguei o travesseiro extra que tinha na cama, coloquei-o entre as pernas e o abracei como se fosse uma mulher. Fechei os olhos. E, dentro de alguns minutos, dormi.

Pouco lhes importava a programação, pois, ao se deitarem todos os dias sobre a mesma cama, com as mesmas angústias sufocadas pelo silêncio que regia sua vida familiar; ao se deitarem e buscarem automaticamente, mecanicamente, o controle daquela televisão e a ligarem, mesmo sem nenhum interesse naquela programação; ao dormirem com a TV em *mute* somente para escutar aquele chiado que corria pelos fios, esse chiado que tanto me incomodava, e permitirem que a luz emanada da TV cobrisse seus olhos fechados e se projetasse em seus sonhos; ao fazerem tudo isso, eles se entregavam ao torpor.

Diariamente eles se entregavam ao torpor, até que toda sua vida se tornou torpor e, assim como eu, que, em frente ao computador, começava a ouvir somente os ecos daqueles passos porta adentro, porta afora, eles também sentiam a angústia de viverem de ecos, como sombras de si mesmos.

◊

Acordei naquele sábado mais disposto do que de costume. Primeiro, por causa da conversa que tive por Skype com minha irmã no dia anterior, mas também porque aquele era o dia que estava esperando, o dia em que me reencontraria com Juliana.

Me levantei. Olhei para o chão, cinco mudas de roupas que na noite anterior estavam em cima da cama agora se encontravam espalhadas pelo chão do quarto. As peguei e joguei sobre a cama novamente. Olhei para a escrivaninha. Cadernos, livros, um prato com farelos de pão, um copo de leite quase vazio e alguns objetos decorativos compunham um mosaico anárquico naquela mesa de estudos. "Depois eu arrumo", pensei. Coloquei uma bermuda, pois costumava dormir pelado. Abri a porta do quarto e fui ao encontro dos familiares na mesa do café da manhã.

– Bom dia! – cumprimentei mecanicamente ao entrar na cozinha.
– Bom dia! – foi a resposta, quase em uníssono. Mãe, pai e irmão.

Me sentei. A mesa do café da manhã já estava montada. Na verdade, havia anos que via aquela mesma mesa sempre montada. Pães, manteiga, bolachas, bules e xícaras não tinham outro lugar que não aquela mesa. Quase nunca eram guardados, salvo em ocasiões especiais, mesmo havendo na cozinha espaço mais do que suficiente para guardar os alimentos e as louças. Mas aquilo, ao contrário do que se pode esperar, não era um ato de educação ou um convite cordial: "Seja sempre bem-vindo, a mesa está sempre posta, com um pão e um café à espera." Era, na verdade, um ato de desleixo, pois o café estava quase sempre frio, e o pão, velho. Um reflexo do que acontecia no resto da casa: móveis quebrados, armários abarrotados e sofás amarelados.

Sobre a mesa, perto da manteiga e da cesta de pães, era possível encontrar migalhas e formigas ávidas pela refeição sempre à disposição.

– Meu filho, pensou sobre o que conversamos na quinta? – minha mãe perguntou.

Dois dias atrás, minha mãe, meu pai, meu irmão – Alexandre era seu nome, era mais velho que eu, mas mais novo que Fê – e eu nos sentamos à noite para conversar. Fizemos uma reunião de família, algo que havia se tornado frequente nos últimos tempos, graças ao esforço da mãe em insistir na regularidade de tais encontros, com o objetivo de tentar reaproximar os membros daquela família, que estavam cada vez mais distantes.

.   .   .

– Vamos começar com uma reza? – sugeriu o pai naquela ocasião.

– Acho uma boa ideia, deixa eu começar. – a mãe se antecipou – Em nome do Pai, do Filho e do Espírito Santo, amém! Oh, Deus, de tamanha misericórdia...

(É isso que me incomoda, sempre essa mesma palhaçada...)

– ... abençoai esta família, por favor, ajudai cada um de nós...

(... não é nem tanto a reza forçada que me incomoda...)

– ... a alcançar seus objetivos e a solucionar seus problemas...

(... mas sim o fato de eles levarem isso tão a sério e, na hora de conversar de verdade, de ter uma conversa franca, de colocar as cartas na mesa...)

– ... escutai-nos, Senhor, pois somos imperfeitos, mas acreditamos no seu poder e na sua misericórdia. Amém!

(... eles simplesmente se abstêm de conversar com sinceridade e abertura).

Era isso que eu pensava enquanto a mãe puxava a oração.

— Então vamos começar — anunciou o pai — quem quer falar primeiro?

.   .   .

Ninguém se voluntariou. Como era de costume, todos tinham muito a falar, mas ninguém queria ser o primeiro a se expor.

"É estranho", eu pensava sempre que aquela reunião começava no silêncio. "Eles pensam que uma família que não conversa no dia a dia; que pessoas que mal se conhecem fora da rotina da casa, que uma família que não se dá ao trabalho, ao carinho, de se sentar junto no jantar e de perguntar, realmente interessada, 'Como foi o seu dia?', a fim de ajudar seu familiar a solucionar seus problemas; eles acham que basta uma reunião semanal às quintas à noite para que essa família resolva os erros que se acumularam durante os anos."

Apesar desse comum pensamento que tinha às quintas à noite, não deixava de valorizar o esforço que partia da mãe em insistir nessas reuniões. Eu as achava importantes, apesar de não acreditar que resolveriam o problema, ao menos eram uma tentativa, embora redundantes.

— Eu começo — anunciei, cansado de presenciar aquele silêncio constrangedor e desconfortável que se arrastava pela sala — Querem saber, a gente sempre senta, todas as quintas, e conversa sobre as mesmas coisas: vocês falam que eu deveria ser menos revoltado e me dedicar mais às coisas, que o Alex tem que parar de beber, pois está se tornando um viciado, e que já passou da hora de ele conseguir um emprego. Que todos nós estamos sempre calados, cada vez mais distantes e frios.

A reação de todos àquele desabafo franco foi de espanto, mas de equivalente interesse, a não ser da mãe, que se antecipou em defender a família:

— Não é assim não, meu filho! A gente está tentando melhorar.

— Tá bom, mãe — interrompi — desculpa, acho que exagerei — preferia me desculpar e dar razão a ela a ter que argumentar, estava cansado.

— Enfim — retomei — nós já estamos cansados de saber dos problemas que cada um de nós tem, já martelamos mil vezes em cima dessas teclas, e acredito que cada um sabe e tenta melhorar no erro que lhe cabe. Mas sabe o que mais me incomoda? A gente nunca conversa de igual para igual, a gente nunca senta um com o outro para trocar uma ideia. Sabem qual é o nosso problema? — Minha voz se tornou trêmula e lágrimas, timidamente, começaram a brotar dos olhos — a gente não se conhece. Há anos a gente não conversa direito. A gente não sabe dos reais problemas um do outro! — As lágrimas aumentaram, o tom de voz se elevou — A gente não conversa! A gente não senta para ter um papo franco e sincero, a gente não sai junto.

O silêncio tomou conta de tudo novamente por breves segundos após minha fala, mas logo foi quebrado:

— É, você tem razão, meu filho, a gente não tem muito o hábito de sentar para conversar, mas é isso que estamos tentando fazer com essas reuniões — o pai respondeu, sempre aparentando o máximo de sensatez possível.

— Eu sei, pai! Mas acha que isso resolve? Acha que dois... três... quatro anos de silêncio podem ser resolvidos em uma reunião semanal de duas horas cada? — Eu havia me aberto e, com o desabafo, veio a descrença na melhora da família. — Não adianta, eu não conheço vocês. Você, pai, nunca me falou do seu passado, nunca me falou de seus sonhos, seus desejos, suas convicções. Como você espera que eu me abra com pessoas que mal conheço?

— E você nunca me perguntou sobre meu passado, meus sonhos, meus desejos... _ o pai se defendeu, tentando dividir a responsabilidade do fracasso familiar pelo qual se sentia tão responsável. Eu sabia que ele sentia um peso muito grande sempre que o assunto tomava a forma de apontamento de dedos. Não que todos os familiares o apontassem como o principal culpado — bem, isso ocorria às vezes —, mas, principalmente — e o mais importante —, ele mesmo se apontava como o culpado por muito daquilo, ele mesmo se condenava como o responsável por ser o PAI. Era como eu, em minha festa à fantasia, tendo um julgamento meu feito por mim mesmo, sem júri para me defender. Ou era eu, na festa, que agia como meu pai?

— Tá, pai! Como você quer que eu pergunte da sua vida se você está sempre de cara fechada e distante?

Nesse meio tempo, Alex e mãe ficaram calados, somente observando a discussão entre o pai e o filho. Até que eu, já anestesiado pela euforia que me havia tomado, resolvi tentar outra abordagem, não menos sincera:

— Você não é meu amigo, pai. De que adianta uma relação de pai e filho sem amizade? — Nesse momento as lágrimas vieram com tudo.

Antes mesmo que o pai pudesse se defender, a mãe interveio:
— Quê isso, meu filho! Como você fala uma coisa dessas? Seu pai é o pai mais amigo que já vi! — Ela estava realmente ofendida, pois o que não aceitava era que falassem mal de sua família, fosse a acusação real ou não, fosse o acusante da família ou não.

"Talvez por que você não conheça nenhum outro pai por aí, né?", pensei, "quais 'outros pais' já viu, se você não tem amigos? Os da novela?". Já havia tempos que me cansara do cinismo na família.

Sendo assim, eu não disse nada na esperança de que meu pai se pronunciasse, mas a mãe não parou:
— Fiquei chocada, meu filho! Para pra pensar no que você está dizendo, seu pai é um paizão! Para pra pensar no que está falando. — ela falava com convicção certeira, com confiança irrefutável, com cinismo velado.

Eu não dava ouvidos à mãe, olhava para o pai, que olhava para o chão. Eu lhe pedia, com os olhos, que se pronunciasse, que não deixasse, mais uma vez, como era de costume, sua mulher falar por ele. Pois foi no ímpeto que fiz aquela declaração e, descrente como estava na família, caso meu desabafo fosse abafado, iria preferir não mais tocar no assunto e deixar que minha verdade fosse ignorada pelos outros. Eu tinha consciência disso.

E assim foi. O pai não teve a coragem de se interpor à fala da mãe. Aquele assunto foi rapidamente finalizado pelos argumentos de incredulidade de mamãe e outros tópicos lhe tomaram o lugar naquela noite.

Minha faculdade
A moleza de Alex
E, por fim, a reza final, para fechar a reunião. Eu, decepcionado, pedi licença após o amém e fui para meu quarto. Dormi com o corpo ainda leve e a mente calma, sensação típica de quem faz um desabafo, mas nem por isso satisfeito.

.   .   .

– Para pra pensar no que está falando!

Para pra pensar....

... no que está falando

– Você pensou sobre...

... o que está falando!

Para pra pensar...

– ... sobre o que conversamos.

.   .   .

– Você pensou sobre o que conversamos na quinta? – foi a pergunta que se seguiu ao "bom-dia" de minha mãe naquele sábado, daquela semana, naquela cozinha, daquela casa.

– Pensei, mãe... e me diga você: quantas vezes meu pai conversou comigo sobre sexo? Quantas vezes conversou comigo sobre drogas? Quantas vezes me perguntou sobre garotas? Sobre meus desejos? Sobre meus sonhos? Sobre seus desejos, seus sonhos e suas mulheres? Tenho conversas mais significativas com meus amigos do que com meu pai. – O pai estava presente na mesa, mas não se posicionou até que eu terminasse de falar. – Não me entendam mal, eu sou imensamente agradecido pela educação que me deram, pelos estudos, pela vida que me proporcionam. Mas isso não muda o fato de que, por toda a minha adolescência, não tive nenhuma conversa com você, pai... – Nesse momento, olhei diretamente para meu pai, com lágrimas nos olhos – ... que não acabou logo nos primeiros dois minutos com algum argumento da sua parte, como: "Obedeça seu pai que eu sei o que estou fazendo"; "Você é um rebelde sem causa, tem que parar de se revoltar"; "Você vai fazer assim porque eu sou seu pai e pronto!".

– Meu filho – meu pai começou a falar – eu entendo seu lado e confesso que não fui um pai próximo a você – a TV, marcando as pausas da conversa, transmitia o primeiro programa da manhã da Rede Globo, algo sobre pequenos fazendeiros do interior do estado – na época de sua irmã, eu era muito mais próximo como pai. Mas com você eu simplesmente não dei conta, eu agi da maneira que conseguia, muitas das vezes com rispidez e evitando o diálogo – o Pai falou isso em um tom de voz que pouco se ouvia vindo dele. Estava sendo sincero, honesto e humilde.

– Mas quero que saiba – continuou ele, dessa vez olhando para mim com olhos lacrimejantes – que eu te amo.

Nesse momento, o pai se levantou de sua cadeira e, de braços abertos, pediu que eu me levantasse também. Me deu um abraço, um longo abraço, numa tentativa de fazer as pazes com o filho. E eu aceitei o pedido de desculpas, naquele momento senti enorme compaixão pelo pai e tive convicção de que dali para a frente as coisas poderiam ser diferentes, que nós poderíamos nos tornar amigos e não somente pai e filho.

Mas... o problema é que o nosso desentendimento não tinha raízes somente no desgaste da relação de convivência, mas também, e principalmente, no fato de que tínhamos crenças muito diferentes, visões de mundo muito diferentes, das quais ambos não estávamos dispostos a abrir mão. Tampouco estávamos dispostos a colocá-las de lado em sinal de respeito e consideração com o outro a fim de buscar entendê-lo, não necessariamente para concordar, mas para entender seu ponto de vista. E isso dali a pouco tempo se tornaria claro para ambos, nos fazendo desistir da tentativa de reconciliação. A não ser que, algum dia, tentássemos entender onde a crença de um colidia com a crença do outro:

Dicionário das palavras incompreendidas
AMIZADE

Eu: Relação essencial a qualquer ser humano. Relação que, se conduzida da maneira certa, só traz benefícios para ambas as partes. Compartilhamento. Terapia. Troca sincera e despretensiosa de auxílios. Motivo mais que suficiente para se sentar junto em um domingo à tarde e compartilhar uma cerveja, mesmo se for você a pagar.

Eu tinha muitos amigos, alguns muito antigos. Pessoas com as quais buscava dividir meus problemas e para as quais estava sempre à disposição. Nos últimos anos, porém, tenho estado muito fechado, reservado, evitando me abrir muito para os amigos. Tinha medo de algo, o quê? Não sabia... ou sabia, mas não queria saber.

Pai: Meu pai nasceu em uma cidade pequena. Quando menor, convivia majoritariamente com sua família, seus melhores amigos eram seus irmãos. Para ele, a diferença entre amizade e família era quase inexistente. Todos os familiares eram amigos e, portanto, todos os amigos eram familiares.

Ele acredita que existe uma grande diferença entre amigos e conhecidos. Poucos são aqueles que se encaixam na primeira categoria, poucos são aqueles que estão dispostos a se encaixar na primeira categoria. E, por isso, deve-se tomar cuidado com as pessoas quem nos envolvemos, pois "amigo é aquele que está à disposição quando mais se precisa, muitas pessoas que conhecemos na vida podem parecer amigos, mas não passam de conhecidos."

CERVEJA

Eu: Uma ótima maneira de sair do próprio estado de normalidade. Uma ótima maneira de curtir um final de semana com os amigos ou, simplesmente, uma tarde sozinho com um livro.

Comecei a beber por volta dos meus 15 anos e, como a maioria dos garotos dessa idade, não sabia meu limite nem estava disposto a descobri-lo. Não que gostasse do que bebia, até porque não bebia coisas boas: vinho barato – Sangue de Boi, como chamávamos –, conhaque e vodca. Mas bebia, tinha de beber... todos bebiam, por que eu não deveria beber também? As garotas bebiam e queriam me ver beber. Com 15 anos, fiquei chapado pela primeira vez:

Estava em um parque da cidade com alguns amigos que decidiram fazer um piquenique. Mas, naquela época, com aquela idade, com aquelas pessoas, o piquenique não tinha sequer uma fruta, elas haviam sido trocadas por biscoitos recheados e garrafas de conhaque. Foi assim: nos sentamos na grama e começamos a passar as garrafas.   1...   2...   3...   4 goles. Alguns minutos depois, por algum motivo, decidi me levantar. Não deu outra, foi só esticar as pernas que foi como se todo o álcool que acabara de ingerir me subisse imediatamente pelos vasos sanguíneos, levado quase que instantaneamente à cabeça.

Cambaleei. Perdi o equilíbrio. Me agarrei a uma amiga que estava em pé... caí no chão, levando-a comigo. Saímos rolando grama abaixo por alguns metros até que o próprio peso dos nossos corpos nos fez parar. Nos levantamos um pouco ralados e começamos a dar gargalhadas.

Com o tempo, como é de se esperar, ao menos para alguém com o mínimo de bom senso, fui descobrindo o que me cabia e o que não me cabia em termos de bebida. Fui descobrindo que odiava a sensação de ressaca no dia seguinte. Fui descobrindo que adorava a sensação de leveza causada por poucos goles de álcool. Fui descobrindo que destilados me enojavam. Fui descobrindo que a cerveja, por mais que, em questão de sabor, não se equiparasse a um bom suco natural, era uma ótima maneira de sentir a leveza da bebida sem ter que enfrentar o peso da ressaca. Fui aprendendo que não havia vergonha em preferir uma cerveja gelada a um suco natural pelo simples fato de a cerveja ter um teor alcoólico e o suco não.

Cerveja, algo que bebia regularmente com amigos, mas nunca com a família.

Pai: Algo que deve ser evitado, uma maneira de fugir da realidade. Ferramenta para alterar nosso estado normal de consciência. Meu pai veio de uma típica família tradicional brasileira, de uma cidade pequena, onde o alcoolismo atingia até familiares próximos, que podiam passar a vida inteira afetados por esse mal sem sofrer nenhuma sanção social, sem ter que largar sua família para morar nas ruas, debaixo de um viaduto, mas nem por isso deixando de assustar àqueles que lhes eram mais próximos.

Ele entrou na faculdade com 20 anos, já era casado, estava para ter seu primeiro filho, não tinha tempo nem cabeça, em sua cabeça, para curtir as festas de faculdade. Trabalhava, estudava, era pai de família. Não tinha tempo para beber, não tinha moral para beber, não tinha histórico para o álcool.

Se ele já ficou bêbado alguma vez? Provavelmente, mas disso eu não sabia e sobre isso não conversávamos.

FAMÍLIA

Eu: Grupo de pessoas que não se escolhe para conviver. Pessoas com as quais se é praticamente obrigado a conviver, mesmo que não lhe agradem. Relação que para alguns pode, sim, ser importante, mas não mais importante que amizades. Amigos de verdade, eu acreditava, valiam mais do que qualquer familiar ao qual se estivesse ligado somente por laços sanguíneos. A família se faz muito mais com convivência do que pelo simples fato de terem nascido na mesma casa ou de compartilharem um mesmo sobrenome.

Eu tinha muitos primos. Não gostava de alguns deles, que, por sua vez, também não gostavam de mim. Não que declarássemos esse desgosto abertamente, mas, para mim, era claro: somente convivia com aqueles primos pois eram da minha família e, por isso, eu era obrigado a conviver.

Já com outros primos que tinha, conviveria mesmo que não fôssemos parentes, mesmo que os tivesse conhecido em um bar qualquer, de uma cidade qualquer, teria me identificado com eles, a esses talvez nem de primos os chamasse, mas sim de amigos.

E meus pais? Bem, meus pais eram os entes mais próximos que tinha dessa tal de família. Mas por que é que, mesmo sendo as primeiras pessoas que me vinham na cabeça quando pensava em família, não eram as primeiras pessoas que me vinham na cabeça quando pensava em diversão ou desabafo, ou num simples abraço fraterno? Talvez eu sentisse pelos pais o mesmo que sentia pelos primos, talvez convivesse com eles somente porque era obrigado a conviver.

Pai: Grupo de pessoas mais importantes na vida de alguém. Aqueles que irão lhe apoiar quando ninguém mais o fizer. Pessoas que estão ligadas por motivos que fogem à razão, motivos que precederam o nascimento.

Escolha feita antes do nascimento por almas que sabem onde querem nascer, pois sabem como têm que amadurecer.

Meu pai conviveu toda sua infância majoritariamente com membros de sua família. Como já sabemos, a diferença entre familiares e amigos, para ele, era pouca. Sua relação com seus irmãos era, em alguns casos, mais forte que a simples fraternidade, mais forte que a despretensiosa amizade. Sua relação com seus amigos era tão frágil quanto uma simples coincidência.

PAIS

Eu: Pessoas às quais um filho deve satisfação. A maioria sofre de um problema sério de autorrealização, por isso deposita nos filhos todas as suas frustrações.

Ser pai é o passo seguinte a se dar depois do casamento, ao menos no caminho convencional da vida de um indivíduo. Um fetiche, uma relação de poder que se instala verticalmente entre pai e filho.

Eu não me via tendo filhos no futuro, não me via nem mesmo casando. Não entendia o desejo impaciente de ter filhos que muitas mulheres e alguns homens, ao chegarem na casa dos 20 e muitos ou dos 30 e poucos, começavam a desenvolver.

O que eu pensava em fazer quando tivesse meus primeiros R$ 2.000 guardados no banco?

Uma vasectomia.

Vasectomia...

Bem,

hei de dividir com você algo que uma amiga notou sobre esse desejo que me passou despercebido, e já a agradeço por isso:

Vasectomia...

"Essa rejeição dos próprios padrões familiares, essa vontade de cirurgicamente infertilizar o próprio corpo, de apagar a própria possibilidade de transmitir sua carga genética a outro ser. Um apagamento de sementes de si."

Pai: Respeito, obediência, exemplo. Aqueles que têm a maior responsabilidade dentro de uma casa, pilares dentro de uma família. Peso de ter alguém em sua responsabilidade, leveza de ter alguém para lhe seguir.

Meu pai teve três filhos, dos quais a primeira veio na melhor época de sua vida: era jovem, transbordava desejo de passar seu legado, seu conhecimento e sua vivência. À primeira filha ensinou muito do que aprendera, transmitiu muitos de seus valores.

Ao segundo, nascido quando ele já estava mais velho, mais gordo e mais cansado da rotina indesejada que o consumia, não transcreveu sua história com tanta vivacidade. E, além disso, o fato de esse segundo se assemelhar mais a ele do que os outros lhe causava certa aversão, certo asco, certo desânimo, pois olhar para um espelho nem sempre é fácil.

E o terceiro?

Este era eu.

Ao terceiro se dedicou menos ainda a ensinar, pois a barriga estava ainda maior e o cansaço já se tornara torpor. Mas para mim guardava peculiar curiosidade, pois, por ser o mais novo, era também o mais diferente dele, o mais distante dele no que dizia respeito à lacuna das gerações. E, como bem sabemos, quanto mais estranho algo é ao ser humano, mais curiosidade lhe causa.

Ao terceiro não se dedicou a ensinar, mas se dedicou a questionar, a interpelar, a interrogar. Mas também a vetar, a sancionar. E acabou, mesmo que sem querer, a me ensinar, pois sua indiferença, seu silêncio e sua estranheza me obrigavam a buscar minhas próprias respostas, muitas vezes em segredo. Isso me causou, por outro lado, certa confusão, pois a tentativa e o erro, embora sejam a maneira mais real de aprender, constituem a que pode nos levar por caminhos longos e difíceis.

INTERLÚDIO

Anestesias e vertigens...

Antes de continuarmos – e, para que não nos percamos, continuaremos do meu reencontro com Juliana –, sou obrigado a me deter por alguns momentos sobre uma ideia que me surgiu ao escrever uma das palavras do capítulo anterior. Palavra um tanto quanto poética, pouco usada e, por isso, livre do peso de significados rígidos e conceitos viciados. Torpor...
    Torpor...

Você sabe o que significa a palavra torpor? Caso não saiba, e não há problema nisso, segue a definição de nosso dicionário, que, por questões de praticidade, em pleno século XXI, me dei ao luxo de buscar na internet e não em alguma biblioteca... nada contra as bibliotecas, aliás, as adoro:

> Torpor: s.m. Sensação de indisposição ocasionada pela redução da sensibilidade e dos movimentos corporais; falta de sensibilidade; entorpecimento. Sentimento de desânimo ou indolência; apatia ou prostração. [Medicina] Incapacidade para responder aos estímulos e/ou movimentos normais. Sinônimos: indolência; moleza; preguiça. Antônimos: Vigor. Classe gramatical: substantivo masculino. Separação por sílabas: tor-por. Plural: Torpores.

Pois então... Torpor.

Indisposição
    Falta de sensibilidade

                Entorpecimento
                            Desânimo
     Moleza
                 Preguiça

       Anestesia
                Sonolência
                        Falta de atenção
                                    Silêncio...

Torpor... será isso que se abatia sobre mim quando, sentado no computador, observava as cenas que se repetiam todas as manhãs e todas as noites à minha frente na sala daquela casa?

> "... Dizem que a repetição gera monotonia, a monotonia gera tédio e o tédio... pode gerar **apatia (torpor!)**..."

Você se lembra dessa minha memória? Pois então, basta substituirmos a palavra "apatia" pelo seu sinônimo "torpor" para exaurir a dúvida do que se abatera sobre mim naquele momento. Simples.

Mas não fui o único personagem deste livro a ter o torpor impregnado em sua vida, também meu pai o teve. Minha mãe. Meu irmão. E minhas mulheres? Meus amigos?

. . .

E você?

Você já foi abatido pelo torpor?

Eu não sei responder, pois nem te conheço, mas creio que sim, acho bem provável que sim, o torpor é algo natural, algo comum, algo cotidiano. Todos os dias ele nos bate à porta ao menos uma vez. Alguns dias, lhe abrimos a porta ao menos uma vez. Basta uma rede e uma água de coco para que ele comece a nos espreitar. Basta uma mulher, ou homem, se for o seu gosto, tanto faz, e um domingo na cama para que ele comece a espreitar. Basta uma cerveja – aaah, uma cerveja!! – e um pé para o alto para que ele comece a lhe espreitar...

Torpor...

... ele não vive sozinho, ele nasce de algo. Nasce da preguiça, nasce do descanso, nasce da apatia.

O problema não é uma tarde ensolarada em uma rede com uma mulher – ou homem – e uma cerveja... – meu deus!!! Que bela imagem!! – Isso é preguiça, descanso, ócio. O problema é quando o torpor se instala. Como um parasita, como um vírus, como um vício, como um artifício.

O problema é quando a rede se torna casa...

A mulher se torna álibi

E a cerveja...
    se torna água.

◊

Pois bem, onde estávamos?
        Sábado...

Café da manhã...
         Juliana...

Pois bem, aquele era o dia no qual me reencontraria com Juliana, o dia em que iria com ela no show na praça pública. Depois daquele diálogo de reconciliação com meu pai no café da manhã, passei mais algumas horas em casa fazendo o que fazia de costume: escrevendo um pouco; mexendo na internet; arrumando o quarto. Bem... este último não tinha costume de fazer, mas naquele sábado estava inclinado a fazer. Quando estava se aproximando a hora do almoço, saí de casa. Levei um livro e fui para um restaurante próximo para comer, tomar uma cerveja e ler um pouco. Passei ali as horas seguintes. O livro era *Loja de Conveniências,* de Guilherme Smee:

A história de um garoto que acabou de sair do ensino médio e mora em uma kitnet sozinho, não tem muitos amigos e passa muitos dos dias em casa se deliciando com os peitos de uma tal atriz pornô que lhe são transmitidos pela tela de seu computador. Até que, um dia, conhece uma garota que lhe desperta muito interesse e que lhe envolve de tal maneira a fazer aflorar entre eles a simbiose. Em pouco tempo os dois estão passando a maioria dos dias juntos, em pouco tempo começam a vender drogas juntos, em pouco tempo ela apresenta para ele seu namorado e a simbiose se torna a dádiva e o pesadelo dos três. E ele se torna o brinquedinho dessa garota e seu namorado.

Uma história interessante, muito bem escrita e de uma fluidez que fez com que eu lesse quase todo o livro em apenas uma sentada. Me identifiquei com aquele livro, com seus personagens, com seu protagonista. A história era tão crua que senti reflexos do autor nas entrelinhas e isso era algo que sempre me causava curiosidade nos livros.
Mas eu sempre achei isso uma loucura!!! Imagina, abrir traços de sua vida assim... Eu preferia minhas poesias e ficções, que, apesar de verdadeiras e profundas, nunca iriam expor minhas intimidades para um completo estranho.
Fechei o livro às 15h, quando o prato já havia sido recolhido pelo garçom há muitos minutos e a segunda garrafa de cerveja estava sobre a mesa. Apesar de estar apreciando aquele momento, não podia ficar ali por muito mais tempo e sabia disso, pois tinha de encontrar minha amiga da faculdade, Laura – se lembra dela? – para fazer um trabalho e depois, por fim, encontrar Juliana às 18h, na praça.
E foi assim... Fechei o livro às 15h.

Às 15h15 estava pagando a conta / ela estava almoçando.

15h30, tomava o ônibus / ela estava sentada no sofá fumando um cigarro.
Quando o relógio marcou 16h23, eu estava chegando na casa de Laura / ela estava terminando um capítulo de sua série preferida.

16h43, foi essa a hora em que eu e Laura começamos a escrever o texto a ser entregue na segunda seguinte para a professora / ela entrava na cozinha para pegar algo na geladeira.

17h21: eu e Laura paramos para fazer um lanche / Ela girava a chave na fechadura da porta.

Às 17h23, por alguns segundos, como era de costume sempre que eu e Laura nos encontrávamos, olhei para ela, ela olhou para mim, e ambos sentimos um delicioso desejo de nos agarrarmos. Mas não foi dessa vez. Já havia ocorrido antes e estaria para ocorrer em breve, mas não dessa vez / Ela mantinha um dos pés no freio para não deixar o carro embalar na saída da rua de sua casa.

Às 17h45 pensei: "Vou me atrasar" / Ela já tinha chegado na praça há alguns minutos e retirava seu ingresso.

Olhei no relógio quando o ponteiro menor havia passado, há pouco tempo, do número cinco ao número seis, e tive certeza do pensamento de alguns minutos antes / Ela já estava na plateia há algum tempo.

18h22...
Eu e Laura havíamos terminado o dever / Ela segurava o celular na mão e ponderava se deveria me mandar uma mensagem.

Às 18h34 em ponto eu estava na porta da casa de Laura. Nos despedimos e Laura disse: "Boa sorte em seu encontro" / Ela, como me confessou depois, se convencia de que não iria reencontrar aquele interessante rapaz naquela noite.

Assim que me despedi de Laura e comecei a descer a rua de sua casa, enviei um WhatsApp para Juliana:

> Desculpe o atraso! Tava agarrado aqui!
>
> Já estou indo!

Tão logo mandei a mensagem coloquei o celular no bolso e saí correndo morro abaixo, tentando recuperar os 34 minutos de atraso.

> Visualizado 18h42
>
> Achei que você não vinha mais, mas beleza! Corre aí! Ainda não começou.

Eu já tinha chegado na avenida principal do bairro de Laura há algum tempo. Como não consegui ver nenhum ônibus na rua que me pudesse levar para perto da praça, continuei correndo. Vi alguns táxis, mas não queria gastar dinheiro com isso.

Já estava a uns 15 minutos da praça quando decidi olhar no celular e:

> Visualizado 18h58
>
> Tô chegando! Segura ai! Tô correndo.

> Visualizado 18h58
>
> Já começou há uns 10 min.
>
> Acho que eles não estão deixando mais entrar...
>
> não sei se você vai conseguir.

> Visualizado 18h58
>
> Eu dou ...

Eu digitava enquanto corria para conseguir chegar a tempo. Acontece que, quando olhamos para o celular, não estamos olhando para a frente. Estava passando por uma área de estacionamento e não vi uma corrente que atravessava de um poste ao outro para delimitar as vagas. Não deu outra, a corrente estava na altura da minha cintura. Assim que meu quadril atingiu os elos de metal, senti o tranco e o tronco continuou em seu trajeto, mas as pernas não o acompanharam. Um baita tombo! Caí no chão e o celular foi junto...

Aquilo doeu, ralei a mão e o antebraço. Por sorte o celular era um modelo mais antigo e sobreviveu à queda. Liguei-o novamente alguns minutos depois, quando já havia me recuperado do acidente, quando já havia xingado deus e ao mundo, quando já havia rido de mim mesmo. E continuei:

> Eu dou meu jeito. Tô chegando!!

Visualizado 19h06

> Beleza! Quando chegar tenta me procurar aqui,

> eu estou nas cadeiras centrais da plateia,

> guardei um lugar para você.

Às 19h12 chegava na Praça dos Cristais / ela curtia o som e segurava o celular para caso recebesse uma mensagem.

Eis que ela estava certa, não estavam mais permitindo a entrada. Era um evento de rua, mas a praça estava cercada de grades dessas que se encaixam e somente se podia entrar naquele cercado passando por dois seguranças que alegavam que os ingressos deveriam ter sido tirados antes e que não era possível entrar mais.

Mas eu estava suando, estava animado, já havia chegado até ali, não iria voltar. Já havia trabalhado em eventos de rua no passado e sabia que em algum lugar daquele cercado deveria haver um ponto cego que nenhum segurança estaria vigiando e onde poderia, com sorte, pular sem ser percebido.

Dito e feito. Fui contornando o cercado com cara de quem não queria nada. Atento ao que acontecia lá dentro, atento para achar algum lugar onde não houvesse olhos vigiando. Foi então que achei uma brecha. As grades, logo após as primeiras filas de cadeiras, começavam a afunilar e se aproximavam dos praticáveis do palco, formando um corredor na lateral do palco onde mal cabia uma pessoa. "É aqui.", pensei. E nem precisei pular, preferi não chamar atenção. Levantei uma das grades desacoplando o encaixe que a ligava à sua irmã e a empurrei na direção do palco, abrindo como se fosse uma porteira. Entrei e fechei a porta atrás de mim sem que ninguém me visse chegar.

Dali em diante não foi muito difícil. Encontrei Juliana na parte central da plateia. Sentei ao seu lado. Assisti ao espetáculo fazendo um ou outro comentário entre as músicas. Dei a mão a ela. Contei sobre minha pequena aventura para conseguir entrar naquele cercado, história que despertou nela certa admiração pela audácia deste estranho familiar.

Conversamos sem muito embaraço, me sentia à vontade perto daquela mulher, e ela provavelmente também se sentia à vontade perto de mim.

Ao fim do show, pedi licença para ir a um banheiro público, ela me esperou perto da fila. Quando voltei, ela disse que não poderia ficar muito mais tempo, pois tinha de ir embora.

– Sem problemas... já foi muito bom ter te visto! – Desde o dia em que conheci Juliana naquele bar, naquela noite – que em minha memória mais parecia uma cena de um filme *indie* sobre o encontro amoroso de dois jovens confusos com suas próprias vidas –, algo nela me despertava o fetiche ao mesmo tempo que alimentava a Vertigem. Não que eu percebesse ou racionalizasse isso, mas esse encanto estava ali, na forma de um frio na barriga, de um desejo erótico que encontrava em alguma fala trocada entre nós. E isso, meus amigos, é algo que faz qualquer um se apaixonar.

◊

Me sentia à vontade...

... ao lado dela.

Eu a havia conhecido há pouco tempo, por que será que me sentia à vontade ao seu lado? Eu sabia que éramos diferentes, bem diferentes:

    Ela gostava de sertanejo

                                        Eu era roqueiro

        Ela fumava cigarros

    Eu não suportava o cheiro de tabaco

                                        Ela bebia demais

        Eu bebia pouco

Éramos diferentes, ao menos em alguns aspectos.
Sabe, eu nunca soube bem dizer se os opostos se atraem ou o inverso.
Acho que é um pouco dos dois, tem de existir certa semelhança e, ao mesmo tempo, certa diferença. Iisso enriquece uma relação.

    O que é...

        ... muito igual a você logo perde a graça.

            ... muito diferente não desperta interesse.

    Mas e Juliana?

                O quão diferente éramos?

            O quão iguais éramos?

INTERLÚDIO

Os palcos e as telas

Eu me apaixonei somente uma vez em toda a vida. Foi uma paixão de adolescência, você se lembra? Aquela garota bobinha e fofa, aquela que tinha o estereótipo das comédias românticas japonesas. Aquela pela qual criei uma história com início, meio e fim, mas com a qual não fiquei junto mais do que três meses. Pois bem, essa foi minha única paixão e, na época, não sabia o porquê de ter me apaixonado por essa garota. Mas hoje as coisas talvez estejam mais claras:

> Você já se pegou agindo como aquele personagem de seu filme preferido?

Já se viu "atuando" como aquele mocinho da novela ao ficar nervoso com algo?

> Já gemeu ou ouviu gemidos estranhamente exagerados que o fizeram achar que estava em um set de filme pornô?

Pois então, Chaplin um dia disse que *a vida é um palco de teatro*. Pois eu aplicaria a lógica da insustentável leveza a esta frase e diria que também *o teatro é um palco da vida*. E neste ponto as coisas se confundem, em qual das duas cenas confiar? Naquela vivida ao seu redor? Ou na outra, encenada sobre um tablado?

Acontece que o humano essencialmente aprende por observação, por repetição. Pensemos em sociedades tribais, nas quais os costumes, os hábitos, as técnicas são todos preservados pela cultura

< 125 >

oral; pensemos nas crianças, que, antes mesmo de adquirirem um raciocínio lógico, aprendem a falar perfeitamente sua língua-mãe; pensemos no YouTube, com seus 1001 tutoriais, no qual se pode aprender a fazer quase tudo sem necessariamente entender sobre o assunto; pensemos nos desejos de consumo, que nos entram na cabeça sem percebermos, como uma simples osmose do que vemos no mundo e nas telas, principalmente nas telas...

As telas... hoje em dia elas estão em toda a parte, não é mesmo? Dentro dos ônibus, nas poltronas de aviões, em nossos bolsos, até em nossos óculos... Gostaria de saber o que George Orwell acharia do nosso mundo moderno e de suas quase teletelas...

E é delas que quero falar. Afinal, se nosso aprendizado é baseado na observação e na repetição, não as podemos ignorar, pois, hoje em dia, são a forma primária de compartilhamento de histórias, de momentos, de vivências, de ensinamentos.

Eu já nasci em um mundo com telas, do qual vi muito mais através de olhos artificiais do que pelos próprios. Essas transmissões que me chegam às vezes via rádio, mas, na maioria das vezes, via fibra ótica já começaram a me moldar desde cedo:

A primeira garota que me despertou desejos estava em uma tela

Atos heroicos e aventuras míticas me foram apresentadas pela tela

A primeira cena de sexo que vi foi através de uma tela

Então retornemos às minhas paixões: a primeira, aquela bobinha e fofa, gostava do mesmo tipo de comédia romântica japonesa que eu, de forma que, assim como eu, teve seu comportamento moldado por esse teatro moderno. E isso já era mais do que suficiente para me despertar a paixão, pois aquela garota já estava em minha mente há muito tempo, nas fantasias alimentadas inconscientemente por esses tais desenhos feitos para pré-adolescentes...

Mas...

se você é de um tipo mais cético e não comprou minha teoria para esse amor à primeira vista, te apresento mais um fato: essa garota tinha uma bela bunda e seios extremamente promissores para sua idade.
...
..
.

E agora a segunda paixão:

Esta que se apresentou para mim naquela noite na qual meus gemidos perturbaram o silêncio da praça, esta que me encantava não por ser aquele estereótipo de romance inocente de meus desenhos japoneses, mas sim pela tentação de ver no outro o reflexo da Vertigem e o tesão do fetiche.

MEMÓRIAS:

A origem do tesão

O fetiche: Agora chegamos no assunto que mais me intrigou durante essa época que estou te contando, e que já me fez passar algumas noites de angústia, nas quais tentava achar na relação entre meus pais fatos que justificassem certos comportamentos e desejos sexuais que me eram recorrentes.

Uma de minhas memórias que se tornou clara para mim, e que é a primeira evidência de que me recordo de um acontecimento que se relacione com o fetiche, remonta aos meus 9... 12 anos?

À infância, ou, quem sabe, ao início da pré-adolescência?

Estou deitado no sofá. O silêncio que vinha dos outros cômodos indicava que não havia mais ninguém em casa. Tudo começa com uma sensação de relaxamento, um ar frio na barriga, logo sinto um friozinho ao redor das bolas e um desejo de colocar a mão por dentro das calças. Me vejo acariciando a virilha e fazendo cosquinha no saco. De olhos fechados – isso é o mais importante, pois, naquela época, antes de começar a me estimular pelos seios e bundas das telas, a imaginação era quem fazia o trabalho –, via uma mulher bem mais velha do que eu, talvez da idade da minha mãe, com uma roupa de enfermeira que muito me lembrava aquela personagem propositalmente sensual dos Looney Tunes. Ela se sentou ao meu lado, me acolheu com muito carinho e colocou sua mão no lugar da minha, assumindo o controle do meu pau. Ela me oferecia seus peitos com extremo cuidado, como uma mãe que alimenta seu filho.

Naquela época eu não entendia o porquê, mas aquela fantasia me causava extremo tesão. Era algo que mexia com a mente, que despertava o fetiche.

De onde nasceu esse fetiche? Como ele se desenvolveu esse tesão que começou com essa enfermeira imaginária e que em momentos mais recentes é encontrado ao digitar o termo JOI na aba de buscas do meu site pornô favorito?

Poderia continuar montando esse quebra-cabeça, buscando gatilhos emocionais ou vestígios de um certo Édipo que justifiquem tal fetiche. Mas essa história já me parece suficientemente plena. Já é suficiente saber que esse desejo me acompanha desde a infância, que nasceu no imaginário antes mesmo de a influência das telas começar a moldar meu apetite. Agora o apetite começava a encontrar saciedade entre as coxas de Juliana, que, por sua vez, descobria grande tesão em seu parceiro quando suas coxas se posicionavam **sobre** mim, e não **sob** mim, como estava acostumada com outros homens...

◊

— Ai, amor, foi muito difícil dormir com você hoje!
— Me desculpe, eu costumo mexer muito durante a noite, e essa cama é pequena demais — justifiquei, sentindo um estranho desconforto e passando a mão na cama de solteiro sob nossos corpos.

Já estávamos juntos há dois meses, tempo menor do que o necessário para nos tornarmos grandes amigos e mais do que suficiente para sermos ótimos amantes.

Me levantei um tanto sem jeito e peguei as roupas que estavam perdidas pelo chão — uma blusa social xadrez, calça jeans e aquela cueca relaxada pelos anos de uso.

— Vou fazer um café pra gente. — Coloquei a cueca e saí quarto afora em direção à cozinha, ela continuou ali deitada e tentou dormir mais alguns minutos.

Confesso que gostava de trepar com ela. Ela também parecia gostar. Costumávamos foder duas vezes ou mais por dia.

O namoro era recente e havia começado em uma conversa de telefone na qual eu, um tanto quanto inexperiente em assuntos amorosos, utilizei um raciocínio lógico para chegar à conclusão de que, sim, estávamos namorando. E foi um namoro curto, como você vai ver, uma relação que posteriormente classificaria mais como uma "ficada longa" do que como um namoro propriamente dito. Até porque, fora a atração sexual, não havia muita sinergia entre as duas personalidades, quer dizer... uma similaridade sim, existia: como já te disse, estávamos os dois perdidos como aquele cachorro do lombo ondulado sem sua tutora. Mas, além disso, percebi, inconscientemente, grande parentesco entre a psique de Juliana e a de minha mãe, e, como Freud pode explicar, nada como um complexo de Édipo para fazer um homem se apaixonar por uma mulher. Bem... nesse caso, um complexo de Édipo e também um bom e velho "chá de buceta" de uma mulher com ao menos dez anos de experiência sexual a mais que eu.

Pois bem. Eu via em Juliana um reflexo de minha mãe e, ao mesmo tempo que meu Édipo se encantava com isso, a razão se amedrontava. Afinal de contas, eu bem sabia dos riscos de me apaixonar pelo espelho de nossos pais e, pior do que isso, assim como Juliana tinha muito de minha mãe, eu tinha muito de meu pai: uma vez que o casamento deles parecia não estar dando certo, talvez meu namoro pudesse ir na mesma direção.

– Como foi seu dia? – minha voz chegava a ela por meio das ondas de rádio, que, hoje em dia, são transmitidas até de nossos bolsos.
– Foi bom! Levei meu irmãozinho para o parque, soltamos pipa e fizemos um piquenique.
– Fantástico!! Quero estar na próxima, hein!
– Com certeza!
...

...
– Queria estar contigo agora, hein? ... maior tesão – reiniciei a conversa após uma pequena pausa confortavelmente desconfortável.
– Aaah... safado. Eu montava em você agora fácil!!
– ... hehehe...
– Você está sozinho?
– Estou no meu quarto, tem gente em casa.

— Está de pau duro?
— Agora que estou conversando com você, sim.
— Quer uma ajuda?
— ... adoraria.
— Então feche a porta.

Eu estava sem a chave do quarto. O máximo que consegui fazer foi fechar a porta e torcer para ninguém entrar sem bater.

— Pronto, estamos sozinhos.
— Então você vai fazer exatamente como eu lhe disser.

É impressionante o poder da nossa mente... o sexo, ao menos para mim, é muito mais ligado às nossas fantasias e ao desejo de nossa mente do que aos aspectos físicos. Essa pequena fala de Juliana foi capaz de fazer surgir lá dentro uma enorme excitação.

— Abra o zíper de sua calça.

Foi o que fiz...

— Comece a acariciar suas bolas devagarzinho. Com as pontas dos dedos.

Minha mão envolveu o saco.

— Feche o olho e só siga minhas instruções...

... imagine que eu estou aí, com minha mão nas suas bolas e minhas tetas para fora.

— Tá gostando?
— Uhummm...
— Então pode pegar no seu pau. E bate gostoso... pra mim. Mas vai no ritmo que eu mandar... ok?

Agora eu estou com meus peitos na sua cara e você está mamando neles, como meu bom garoto... e quem está batendo uma pra você sou eu... fica quietinho...

... eu que mando aqui.

Eu gostava daquilo, gostava muito; aquela garota sabia muito bem como me deixar excitado. Ela falava exatamente o que aquelas outras mulheres já me falaram em algumas madrugadas nas quais experimentei ter meus olhos fixos na tela e a mão debaixo das calças. E nunca tinha contado a ela desse meu fetiche ou das pornografias que gostava de assistir. Era como se ela visse a tara que me movia pelo reflexo do tesão que se esboçava em meu rosto nas muitas vezes em que a gente trepava.

A coisa estava boa, estava muito boa. Juliana sussurrava em meu ouvido palavras safadas de ordem. E eu, como que imerso em um transe, escutava como um bom garoto que queria se provar.

Agora só a cabecinha do pau
Bem devagarinho
Exato...
Cospe na sua mão e lambuza esse caralho pra mim...

Isso...
Bom...
Muito bom... Garoto.

Mas... como na noite em que nos conhecemos... não se pode esperar perturbar o silêncio sem que ele te devolva uma afronta.

Acelera um pouco.

Assim!
Não se esquece...
... que eu estou aí...

... te dando de mamar.

Coloca a outra mão agora...

Bem... na verdade, não fomos nós que quebramos o silêncio dessa vez... Eu estava bem quietinho, do jeito que ela mandou ficar.

Mas naquela casa, naquela família, o silêncio e a privacidade eram coisas raras...

.   .   .
.   .   .
...

Os pais estavam sempre atentos aos sons daquela casa.

Uma maçaneta...
                      Um grito...
      Uma discussão...

Ou, neste caso:
                      Uma porta se fechando...
            Um trinco que não clicou...

Já havia um tempo que minha mãe estava de olho naquela namorada de seu filho, pois, assim como eu, acho que ela também sentia que Juliana tinha muitos de seus próprios traços de personalidade. Traços dos quais ela não gostava em si, e por isso não gostava daquela tal de Juliana...

Do nada, sem um "dá licença" ou uma batida na porta, a porta do meu quarto se abriu.

Minha mãe se deparou com aquela punheta guiada por telefone em seus estágios iniciais.

Sentado sobre o chão do quarto estava seu filho, seu querido filho, com uma das mãos por dentro das calças e a outra segurando um telefone.

O grito foi inevitável:
— O que é isso!!

De súbito, toda a casa acordou de seu torpor. Meu pai veio correndo de seu quarto.

Eu, imediatamente, me vi brocha, inventei qualquer desculpa para Juliana e me adiantei a expulsar a intrusa de meu quarto e fechar a porta novamente.

Lá fora, o alvoroço já começava:
– Isso é doença!! Doença! – a mãe gritava.
– Calma, querida... Ele é um jovem.
– Isso não vai acontecer dentro da minha casa! Dentro da minha casa, não!

. . .

E por aí vai...

Em pouco tempo, eu abri a porta novamente e o pai entrava, sempre comedido, buscando uma solução para a situação:
– Você sabe como sua mãe é... quando for fazer isso, tranque a porta...
– A porta estava fechada... ela não podia ter entrado.

. . .

A discussão se alongou por mais alguns minutos e a solução não foi encontrada.

Eu fui dormir naquela noite sem matar o tesão que me matava.
Juliana foi dormir pensando no que havia ocorrido do outro lado da linha.
O pai dormiu como de costume...
Já a mãe...
Indignada que uma putaria como aquela
Tivesse acontecido dentro de sua casa...
Sem pensar que, diversas vezes, não só eu, mas também seu outro filho e sua filha se trancavam no banheiro por longos minutos se degustando em putarias, acompanhados ou sozinhos.

◊

Acho que não preciso mais falar, né?, mas eu não estava em uma boa fase da minha vida. Estava confuso, não sabia se queria seguir a carreira de escritor. Tentava viver um pouco da adolescência que não curti tanto alguns anos atrás. Talvez seja esse mais um dos motivos pelos quais me encantei por Juliana, uma mulher que vivia no limite, como os adolescentes.

Mas não levei muito tempo para começar a perceber que essa mulher não tinha quase nada que me encantasse de verdade. E, depois daquela cena, minha mãe não aprovava aquele relacionamento. Isso não tinha muito valor para mim, pois, naquele ponto, já não ligava muito para o que meus pais pensavam.

Comecei a pensar em sair de casa.

Alguns dias depois dessa cena vergonhosa para qualquer filho e para qualquer mãe, me encontrei com Juliana e Laura em um bar para tomarmos uma cerveja. Foi uma noite interessante, mas muito longa... longa demais para mim, que costumava dormir não muito depois de o sol se pôr. Mas Juliana não era assim... para ela a noite era sempre um desafio e guardava uma enorme sedução. Além do mais, ela bebera... o que a deixava ainda mais excitada...

Bem, não demorou muito para eu ser vencido pelo sono:
– Meu bem, eu vou embora, estou cansado....
– Ai... você é foda, hein?... bem, tudo bem, eu vou continuar aqui.
– Sem problemas, qualquer coisa me liga.

Havia me decidido e Laura também, fomos os dois para casa, deixando Juliana sozinha.

Sabe, Juliana tinha muito ciúmes de mim, algumas vezes até tentava me convencer a não ver algumas amigas para não correr o risco. Eu costumava aceitar a imposição. Mas, como se diz por aí, quem tem muito ciúme talvez tenha dúvida sobre si mesmo.

Tri...

Triiiiii...

Triiiiimmmmm...

– Alô – Acordei cansado e surpreso com uma ligação àquela hora.

– Antônio, tudo bem? Aqui é José, pai da Ju, como você está? Aqui, a Juh está com você? Ela me falou que vocês iam sair, mas ela não chegou até agora...

Eram duas da manhã, eu havia deixado Juliana no bar lá pelas dez da noite.

– Opa, Zé, então... eu voltei pra casa porque tava meio cansado, mas ela ficou lá no bar.

– Puta merda... ela não pode beber muito não, cara... não era pra você ter deixado ela lá, não.

Eu não gostava muito do pai de Juliana, via em José aspectos de um desejo de transferir para mim a responsabilidade sobre sua filha.

– Caramba, cara... eu achei que fosse tranquilo... Bem, eu acho que sei onde ela está, posso ir atrás dela e te aviso, pode ser?

– Beleza... mas não me deixa na mão não, hein, rapaz??

– Pode deixar.

Desliguei e quase imediatamente pensei na roubada em que me enfiei. Eu sabia onde ela estaria, ou, ao menos, onde muito provavelmente poderia estar. Contava com a suposição de que ela estaria bêbada, e... sempre que ficava bêbada, ia para o mesmo lugar: um bar sertanejo nas redondezas.

Talvez você não acredite em mim. Parece até coisa de filme... mas te juro que foi isso que aconteceu:

Ao chegar na porta do bar, adivinha quem encontrei lá? Completamente bêbada...

– Ei, Juh!

– Ei, amor!! Você voltou, é?

– Pois é... seu pai me ligou.

Juliana já tinha os sentidos tontos, estava com dois caras, provavelmente que conhecera no bar. Com um deles ela já demonstrava bastante intimidade. Aquilo não me incomodou, afinal de contas, já havia proposto a ela um namoro aberto.

– Gente, esse aqui é meu namorado. – Anunciou Juliana.

O cara que a acompanhava olhou meio torto para mim.

Eu estava correndo de confusão.

— Amor, a gente vai em um posto aqui perto beber umas cervejas, vamos com a gente?

— Poxa, então... eu vim só te avisar que seu pai está atrás de você, eu tava dormindo...

— Ahh, para com isso, vamos com a gente, só um pouquinho.

Eu sabia que aquilo não era uma boa ideia, mas algo dentro de mim pedia para ficar com ela ao menos até o momento em que Juh decidisse ligar para seu pai.

— Beleza, vamos, mas não vou ficar muito tempo não, hein?

E assim foi, entramos os quatro no carro: eu, Juliana e os dois novos companheiros. Juh falava bastante, eu ficava calado, um dos rapazes parecia confuso.

Chegamos no posto, pegamos algumas cervejas e começamos a conversar. Eu continuava mudo, mas tentava não demonstrar incômodo.

    Baladas,
   Música sertaneja,
       Histórias de bebedeira
          E por aí vai.

A certa altura, Juliana começou a beijar um de seus novos companheiros, imediatamente o amante relutou.

— Relaxa, gato, ele não se incomoda, não é mesmo, Toninho?

— Não... tá tranquilo, cara, vai em frente.

O cara, ainda um pouco assustado, decidiu não contrariar aquele estranho casal.

O papo seguiu por mais alguns minutos, até que fiquei meio de saco cheio e anunciei:

— Juh, eu vou embora. Aqui, não deixa de ligar pro seu pai não, que ele está preocupado...

— Eita... tu é molenga, hein?... beleza, pode deixar que vou ligar pra ele.

Me despedi dos dois companheiros recentes e me virei para ir embora. Ao dobrar a esquina, comecei a sentir o peso da responsabilidade e decidi ligar para o sogro.

— Alô?
— Opa!
— E aí, achou ela?
— Achei sim, seu Zé, avisei pra ela que tu tá atrás dela. Ela falou que vai te ligar.
— Que isso, rapaz! Não é assim não, você tem que trazer ela pra casa!
— Eu? – questionei, já começando a me irritar – Cara, eu não sou pai dela, não.
— Olha como você fala comigo, hein, rapaz.
— Com todo respeito, seu Zé, eu acordei às duas da manhã pra ir atrás da sua filha, já são cinco, estou cansado e ela não quis ir pra casa, o que queria que eu fizesse?
— Se virasse, rapaz...
— Olha, seu Zé, me desculpe...
— Você não pode agir assim com minha filha, não!
— Mas eu vou desligar...

E assim o fiz, desliguei o celular na cara do sogro, sem muito remorso. Respirei fundo, acordando comigo que havia feito o que podia e sentindo o peso sair das costas.

Naquela noite, andei uma hora até chegar em casa, pois não tinha dinheiro para o táxi e nenhum ônibus passava naquela hora.

―――

Triiii....

Trimmmm..

Trimmmmmm....

— Alô?
— Oi, Toninho, como você está?
Eram dez da manhã.
— Estou bem, e você? Chegou em casa bem ontem?
— Cheguei, mas tive um problema com meu pai...
— É, eu imaginei...

– Aqui, temos que conversar, você pode vir aqui em casa hoje?
– Posso sim, que horas?
– Que tal no meio da tarde? Aí você janta por aqui. Estou na casa da minha mãe.
– Beleza, às 15h estou aí, pode ser?
– Joia. Beijo!

Apareci às 15h, como combinado. Juliana não estava no melhor dos climas, muito menos sua mãe. Nos sentamos no sofá para conversar e ela começou:
– Toninho, chegou bem ontem?
– Cheguei sim, e você? Seu pai brigou contigo?
– Aah... tive um problema quando cheguei em casa, né. Meu pai ligou pra minha mãe, foi um saco.
– Bem... tu tinha que ter ligado pra ele ontem, cara, ao menos pra ele não pegar no seu pé.
– Aaah... tô cansada disso já.... Mas enfim... não foi por isso que te chamei aqui não.

Juliana sabia que tinha feito merda, não por ter metido dois chifres nos meus cornos bem na minha frente, até porque, como eu mesmo disse, não me importava. Por mim, o namoro era aberto, mas, como o combinado entre nós dois não era esse, as regras deveriam ser as mesmas para ambos.
– Uai, então me diga lá, o que pega?

Ela sabia que, tendo quebrado as regras, eu podia começar a questionar a validade daquela relação e poderia também quebrar o contrato. Mas bem... ela sabia como evitar esse problema.
– Então, ontem eu estava com a Laurinha antes de encontrar contigo. A gente ficou conversando num bar.
– Poxa, que massa, foi bom?
– Foi sim, mas ela me falou algumas coisas... ela me falou que vocês já ficaram no passado, você tinha me falado que nunca tinha ficado com ela...

Realmente, Juliana havia me perguntado há algum tempo sobre isso e eu menti. Menti pois sabia que isso ia me dar uma dor de cabeça que não estava a fim de encarar. Não que isso justificasse minha farsa...

— É... eu achei que você ia ficar brava.
— Poxa, mas pera aí... a gente tem que ser sincero um com o outro, não tem não?
— Sim, temos sim, meu bem.
— Pois é... poxa, e tu é mó colado nela, direto dorme lá na casa dela e tal... Como que eu vou confiar em você assim?
— Poxa, Juh, mas pera aí... a gente ficou já tem mais de oito anos... hoje em dia ela mora com o namorado, não tem nada a ver...
— É o que você diz, né....
Eu sempre tive um problema... sempre que sentia que estava para machucar alguém, ou que havia feito algo pelo qual deveria me desculpar, lágrimas começavam a brotar em meus olhos... como uma criança que não consegue esconder algo de errado que fez... ou até... uma criança que tem medo de errar... uma criança que se paralisa ao menor sinal de risco.
— Poxa, Juh, me desculpa... — as lágrimas já estavam vindo.
E ela sabia que havia ganhado. Era bem experiente nesse jogo... fizera algo parecido com seu pai durante muito tempo, até que ele parou de afagar o rosto dessa criança que tentava enrolá-lo. Já com sua mãe, até hoje conseguia fazer isso, pois, em muitos aspectos, ela também ainda era uma criança, uma criança que criara uma criança.
Ela me abraçou, o mesmo abraço que seu pai lhe dera por muitos anos, aquele abraço de um parente que acha que a simbiose pode ser um bom caminho para uma relação de pai e filho:
— Tudo bem, meu querido, eu gosto de você demais... mas não mente pra mim assim, não...
— Tá bom — respondi, já com bastantes lágrimas no rosto.
O pêndulo havia mudado de direção, ela colocara a situação no lugar em que queria. No ponto certo para que aquilo fosse uma justificativa e para que, então, como quando era criança, a culpa não fosse mais sua:
— Pois é amor, assim, essas coisas me deixam muito mal, viu?... Ontem eu bebi demais, meu pai brigou comigo.
— Poxa... mas...

< 141 >

– Eu acho que eu teria voltado pra casa mais cedo não fosse isso... E mais, eu fiquei com aquele cara porque não sabia mais se podia confiar em você.

– Desculpa, Juh, me perdoa.

Com o rosto contra seu peito, eu chorava; e ela me fazia um cafuné, como uma mãe que afaga sua cria. Não um afago de quem diz "estou com você para o que vier", mas sim um afago do tipo "fique ao meu lado, pois eu sei como te proteger; pois, sem mim, o mundo te devora". Como essa mãe, ela se regozijava com aquele abraço e sabia que havia virado a mesa.

Ficamos ali durante o resto do dia, vimos um filme, comemos uma pipoca e deixamos aquilo de lado. Mas, embora eu ainda fosse novo e imaturo, sempre tive uma percepção que ia além das palavras não ditas – ou, quem sabe, apenas nasci com o cu virado pra lua. Naquele dia, mesmo que de forma ainda sutil, comecei a sentir que a simbiose espreitava meu relacionamento, e tinha medo disso.

Assim como o torpor, que vinha de algo... a simbiose me levaria a algo. Em breve, a leveza se tornaria insuportável.

◊

No início era o fascínio, no início sempre é o fascínio...

Lembro de ter lhe escrito uma carta tentando me colocar próximo a ela, tentando colocar em palavras poéticas tudo que havia absorvido das conversas um tanto não ortodoxas que tínhamos tido em nosso primeiro encontro. Havia escrito para tentar mostrar a ela um espelho, pois... quem sabe, olhando para aquele espelho, ela poderia ver suas belezas e também seus temores.

Olhei para o lado e vi essa carta na escrivaninha ao lado da cama, me lembrei do motivo que me levou a escrevê-la. Mas não me lembrei do que escrevi, a não ser dessa metáfora: ela um dia me disse que se viu trilhando uma estrada de tijolos amarelos, talvez seguindo para o mundo encantado. Aquilo me soou belo, usei como uma linha guia do meu raciocínio.

Nesse dia acordamos juntos, a cama pequena sob os corpos causava desconforto em ambos. Já tinham se passado algumas semanas do ocorrido que acabo de te descrever e eu começava a sentir o peso.

– Toninho, foi ótimo passar o dia contigo. Eu vou trabalhar, a gente se encontra mais tarde, certo?

– Fechado, eu vou lá te buscar.

No início, não era só o fascínio, mas também o tesão, e esse era muito bom. Como já te disse, ela era mais velha que eu e bem mais experiente, mas mesmo isso já não era o suficiente naquela situação.

Nos encontramos naquele mesmo dia, como de costume. Demos uma volta no parque, tomamos um sorvete, conversamos. Mas as coisas já haviam mudado, e não só para mim, eu sentia que ela estava um pouco diferente também.

Alguns dias depois, após conversas com alguns amigos sobre o que estava sentindo em relação a ela e após contar o caso da noite em que ganhei chifres e pedi desculpas por isso, comecei a me decidir... E de uma coisa você pode ter certeza: eu, às vezes, posso ser teimoso: quando me decido por algo é difícil me convencer do contrário.

– Oi, Juh!

– Oi, meu bem, a gente vai se encontrar hoje?

– Vamos sim, na verdade é por isso que eu te liguei. Eu queria sentar pra trocar uma ideia contigo.

– Eita!! Vamos ver como vai ser, né...

Diferentemente do que acontece na série Família Soprano, na qual ouvimos que "nunca vemos o tiro chegar" e cujo protagonista morre em total escuridão, ouso dizer que no relacionamento é o contrário, a gente sempre sabe quando o tiro vai chegar. A diferença é que alguns têm a coragem de reforçar sua morada compartilhada para que o tiro não a penetre, já outros, congelados pelo medo, preferem pagar para ver e, como Tony, não veem mais nada, somente a escuridão.

◊

Nos encontramos em uma pracinha perto do trabalho dela. Nos cumprimentamos, trocamos afagos, mas eu sentia um ar mais pesado. Depois de algumas atualizações dos recentes acontecidos na vida de ambos, tomei a iniciativa:

— Juh, eu tenho pensado muito sobre a gente... — O frio começou a aumentar na minha espinha — ... eu, sinceramente, não acho que estamos em um momento bom um para o outro, eu estou um pouco confuso, pensei em darmos um tempo.

— ... ...

Será que ela, como Tony, achava que o tiro não a acertaria?

— Eu não estou te entendendo...

Realmente, eu falei aquilo com certa frieza e com uma decisão que ela pouco vira em mim antes. Estava decidido:

— Assim, Juh, eu não quero brigar mesmo, tá?... eu andei pensando sobre algumas coisas que rolaram com a gente e acho que não está sendo bom para nenhum de nós dois.

— Quê isso, cara... você não está nem parecendo o Toninho que eu conheci, alguma coisa está errada — Lágrimas.

— Assim, Juh, eu me decidi, sei que talvez não possa ser o ideal, mas não acho que está sendo bom mesmo.

— Quê isso, cara, eu não esperava isso mesmo, você não pode fazer isso não, eu te amo.

Eu sentia empatia por ela, sabia que o que fazia não era de todo justo, mas era o que conseguia fazer... no futuro outra pessoa faria isso comigo e eu lembraria de Juh, sentiria um pouco da dor que ela sentiu.

— Eu também te amo... gosto muito de você, mas, cara... não tá legal, e não vou nem trazer os motivos aqui ou tentar apontar dedos, mas você sabe que houve coisas erradas no meio do caminho.

Juliana começou a ficar nervosa:

— Tá bom, cara, então beleza, se é isso que você quer...

Ela se levantou e foi andando de forma quase embriagada rua acima...

Respirei fundo, esperei que ela se distanciasse um pouco e a segui para garantir que ela estaria bem...

Ela deu alguns gritos na rua, nada que assustasse demais os transeuntes, e nada que eu não achasse justificado. Continuei acompanhando-a de longe por aproximadamente dois quarteirões, até que ela parou em outra praça e se sentou, já com os olhos vermelhos.

Sentei ao seu lado:

— Juh, eu não quero que me entenda mal, sério, mas eu não vou voltar atrás... preciso ser firme.

Ela não me respondeu, olhava para baixo. Pouco tempo depois, se virou para mim e perguntou:

— Você tem um clipe?

Abri a mochila que carregava comigo e peguei um clipe em meu estojo. Sim... acreditem, professores andam com clipes no estojo.

Ela o tomou nas mãos e puxou uma manga, expondo o braço que já tinha algumas cicatrizes e tentando abri-las novamente.

Bem... eu não pude deixar de achar aquela imagem um pouco ridícula. Claro que não falei isso, mas pensei. E, ao contrário do que alguns dizem hoje em dia, pensar não é um crime. Quando chegar a ser, acho que vou tentar ligar para George Orwell lá no céu pra ver se ele nos dá uma luz.

Fiquei ali em silêncio, em respeito a ela. Uns cinco, dez minutos, talvez... acho que Juh, mesmo naquele estado, entendeu isso como um sinal de consideração. Eu espero que assim tenha sido, pois, mesmo sendo duro, não queria machucá-la.

Bem, certamente o clipe não foi muito eficiente. Vendo que aquilo não ia funcionar, ela desistiu. Se despediu de forma seca, se levantou e foi embora.

Eu ainda iria aprender isso, mas talvez aquela fosse uma das formas que ela tinha de lidar com as frustrações — não que seja saudável, isso eu não sei te dizer. Talvez devêssemos conversar com um psicólogo...

◊

Minha história com Juliana não acabou ali, nos encontramos mais uma vez para tentar conversar novamente. Eu, bem menos rijo enquanto ela tentava me convencer de que não deveríamos separar nossos caminhos. Não vou detalhar esse episódio, pois ainda tenho um belo fechamento deste livro para fazer e não acho que uma primeira obra deva ter muitas páginas. Mas posso resumir para você:

Ela tentou reatar...

      Eu, embora aberto, já estava decidido...

    Ela me enviou algumas mensagens no WhatsApp

  Eu te amo
Preciso de você
      Ou algo nessa linha

Eu bloqueei seu contato

Mal sabia eu que em breve seria uma outra garota a me bloquear. Acho que o mundo dá voltas, né?, na segunda parte desta história te conto sobre essas reviravoltas da vida.

◊

Bem, meu caro ou minha cara... toda história chega ao fim... toda história deve chegar ao fim, mesmo que ao fim de um capítulo ou de uma seção.

Eu sinto que este capítulo da minha história está chegando ao fim, mas, antes de terminarmos, tenho mais uma coisa para te contar. Depois disso, vamos fazer uma pequena homenagem aos outros personagens que aqui estiveram e que, para que esse primeiro livro não ficasse do tamanho de uma bíblia, não tiveram oportunidade de serem devidamente desenvolvidos. Dito isso, vem comigo, espero que goste deste fechamento que me foi sugerido por uma pessoa que, com carinho, me ajudou a repensar este livro.

◊

Eu havia me decepcionado no namoro, mas havia amadurecido também. Na faculdade, já não via lugar para mim. Na família, não sentia que tinha melhorado. Estava triste, um pouco perdido, mas... – ainda iria descobrir isso –, havia em mim uma garra e uma resiliência que poucos têm. E isso talvez tenha soado babaca, né?, mas paciência, hehe.

Já se passara quase um ano desde que havia terminado com Juliana. Eu havia conversado com muitas pessoas, repensado minha vida. Me aberto para umas, fechado para outras.

Aquele quarto me acompanhou por muitos anos. Ali estava minha bagunça, ali estava meu refúgio, naquela mesa havia escrito muitas coisas.

Mas desta vez, por algum motivo, a mesa estava mais arrumada, nenhuma roupa estava no chão. Sob a cama havia alguns montinhos de roupa devidamente dobrada e uma mochila – não uma mochila qualquer, uma daquelas grandes mochilas que se veem no lombo de trilheiros ou de malucos de estrada.

Eu estava ali, olhando para aquilo, pensando no que havia vivido nos últimos tempos. Um certo medo me espreitava por entre os pensamentos ainda enevoados. Mas, assim como no término com Juh, eu estava decidido.

Coloquei as roupas na mochila
      Abri a gaveta da mesa

  Peguei alguns papéis que estavam ali...
          alguns inteiros
   outros amarfanhados

Me sentei por um tempo para ler esses textos, algo que fazia com frequência. Alguns eram parte do meu diário e contavam para alguém as histórias que havia vivido recentemente. Outros eram poemas ou cartas que escrevera ou recebera de grandes amigos.

Havia uma especial, de uma grande amiga a quem havia dado um presente único uma vez, um presente que eu mesmo havia feito e que havia feito para ela, somente para ela. Nessa carta, ela me falava do quanto acreditava em meu potencial, do quanto eu era uma pessoa única. Era mais ou menos assim:

"Toninho, criei por você um sentimento muito forte e puro de amizade e companheirismo e fico feliz em saber que, em pouco

mais de um ano que te conheço, pude trazê-lo para perto de mim... eu te amo demais... gosto de te encontrar, de conversar com você, e gosto principalmente do fato de que partilhamos do mesmo sonho: viver da arte e da paixão que sentimos por ela, que muitas vezes não é compreendida por não ser da dimensão de entendimento das pessoas 'não-artistas'... tudo de bom para meu amigo! Te amo!"
...aquilo me alegrou e ajudou a espantar o medo que tentava me subir pelo ventre.

Tantas outras cartas e palavras estavam naqueles papéis, o suficiente para mais algumas páginas, mas essas histórias eu conto depois.

Peguei as cartas

Coloquei-as dentro de uma pasta junto de meus documentos.

A pasta foi por cima da mochila para não amassar

Coloquei a mochila nas costas.

Me despedi de minha família.

Passei pela casa, meus passos ecoando pela sala.

Abri a porta.

Meu pé direito foi primeiro.

Passei pelo portal e....

não olhei para trás.

EPÍLOGO

Os outros

Sobre a cama
    um jovem.

        Sobre o jovem,
            um lençol.

Apoiado no lençol
    um fio.

        De uma ponta do fio
            uma tomada.

    Na outra ponta
um celular.

E...

      ... através da janela...
          ... o sol das dez da manhã.

A música que vinha do celular, programado para despertar às nove, era de um timbre oco, estridente e ralo. Nenhum harmônico existia em seu espectro sonoro. Já era a décima ou vigésima vez que se repetia? A cada novo recomeço, uma soneca a mais.

Depois de tantas repetições, um ouvinte atento já seria capaz de antecipar o próximo recomeço daquela melodia. E naquela casa, naquele dia, naquela hora havia um ouvinte atento...

No entanto, quando o tempo esperado se esgotou, eis que aquele som não se repetiu e o aparelho que o conduzia não tirou mais uma soneca.

Ele se levantou, se espreguiçou e sentiu a moleza lhe subir pelo ventre. Não que estivesse cansado, até porque dormira mais do que o suficiente, mas aquilo já era um processo de seu corpo, uma rotina de seu organismo. Por quê? Por que todo dia, ao acordar, seus olhos queriam permanecer fechados? Por quê? Ele não sabia... ou fingia não saber? Mas é certo que era o torpor, que se tornara anfitrião: em cômoda, em colcha, em colchão.

Vestiu uma bermuda que estava jogada sobre o chão, pegou seu celular que repousava sobre o caos de sua escrivaninha e tomou o caminho que fazia todas as manhãs, o da cozinha. Abriu a porta que separava a sala de estar da sala de jantar. O som da televisão ligada que vinha da cozinha indicava que sua mãe já estava acordada. Sentado à mesa do cômodo que acabara de revelar ao girar a maçaneta estava seu irmão mais novo, com os olhos fixos na tela de um notebook.

— Bom dia! — cumprimentei, sentado de frente para aquela tela.
— Bom dia — foi a resposta quase silenciosa, acompanhada de um sorriso tímido do meu irmão que passava pela porta.

Alex, desde os 16 anos, vinha perdendo a extroversão e se tornando calado e igualmente solitário. Agora, com 20 e tantos anos, suas habilidades sociais estavam dignas de um review de duas estrelas em um aplicativo como o Tinder — se ele permitisse review entre os usuários, né?... hehe.

E era isso que ele me mostrava sempre que oferecia aquele sorriso. Era isso que eu percebia sempre que aquele sorriso me era oferecido.

— Mamãe já acordou? — foi a pergunta que se emendou àquele sorriso de Alex, pergunta cuja resposta ele provavelmente já sabia, mas a qual fez mesmo assim, pois, caso contrário, não teria nada a dizer.

— Acordou sim, está na cozinha — foi minha resposta, sem muita expressão e sem tirar os olhos do computador.

— Hmm... tá bom... — Alex dizia isso já tomando o rumo da cozinha — você vai tomar café com a gente?

A princípio, com os olhos ainda fixos na tela e os dedos se movimentando automaticamente, não constatei aquele sorriso novamente. Meus olhos não conseguiam ouvir aquilo que meus ouvidos pareciam ver. Mesmo sem olhar para aquele sorriso novamente, eu o ouvi. O ouvinte atento consegue perceber o sorriso na fala e, quem sabe, a fala no sorriso?

Aquele "vai tomar café com a gente?" carregava, para mim, o mesmo que o sorriso que vira há poucos segundos:

Timidez

Silêncio

Solidão

Era sempre assim. Alex tentava com um sorriso, com uma vírgula, se aproximar de mim. Oferecia seu riso e esperava outro em troca, menos tímido, mais íntimo. Mas não foi dessa vez:

— Vou sim, só tenho que terminar uma coisa aqui — foi minha resposta, ainda sem levantar os olhos da tela.

Alex, por fim, entrou na cozinha onde nossa mãe montava a mesa do café da manhã — ou ao menos era isso que ela acreditava estar fazendo, pois, como já sabemos, naquela casa a mesa nunca estava desfeita por completo, sempre havia nela uma xícara suja dividindo espaço com uma cesta de pães velhos e um pote escrito Becel com algumas migalhas de biscoitos que se misturavam àquela pasta de gordura a qual chamamos de margarina.

— Bom dia, mamãe — foi o cumprimento oferecido por Alex, seguido de um sorriso submisso e tímido.
— Bom dia.

Alex se sentou à mesa, sua mãe virou o café no coador. Eu matei um oponente naquela arena virtual. O pai abriu os olhos e pensou em fechá-los novamente. Na televisão:
— Veja os destaques do Bom Dia Brasil de hoje!

◊

Como bem sabemos, o torpor não é algo exclusivo deste protagonista que conversa com você. Na verdade, nem sequer me é autêntico, pois foi aprendido...

... herdado

Era uma sexta, uma sexta não muito diferente das outras naquele bairro de classe média alta de Brasília: o sol já se fora há algum tempo, pessoas com roupas sociais, camelôs com os bolsos cheios (ou nem tanto?) e vendedores de água entravam no metrô para voltar para casa, muitas das quais ficavam longe da estação onde estavam.

Nossos olhos estão um pouco estranhos, a visão periférica completamente perdida, é como se enxergássemos através de um quadro, tendo uma borda cinza como moldura. A imagem que captamos parece estar com o contraste no mínimo, na verdade mal a enxergamos. Não era de se esperar diferente, afinal, com toda essa luz que está saindo de nossa lente ocular, a imagem que se projeta à nossa frente fica ofuscada. Mas, forçando um pouco a visão, somos capazes de enxergar duas pessoas:
Um homem e uma mulher, de 40 e tantos anos – ou 50 e poucos? – deitados sobre uma cama de casal. Não se encostam. Cada um fica em seu canto. Olham em nossos olhos como se hipnotizados pelo que veem. O quarto todo escuro, lá fora a noite já caiu há horas.

Toda a luminosidade que transborda de nossa íris encharca o rosto desse casal em cores sem vida e maquinais, cores que se alternam com velocidade. As luzes dançam em suas faces.

                    Vermelhos
Azuis
                                    Cinzas
        Pretos
                 Vermcinza
Pretazuis
                 Pretomelhos
        Cinzuis

Passamos ali o resto da noite, cuspindo imagens nos rostos daquele casal. Nossa Zorra acabou e viemos com mais: Fantástico; Globo Repórter; filmes. Não sei nem até que horas nossos olhos ficaram ligados, só sei que os vimos dormir, deitados na cama da mesma forma como estavam no início, um de um lado e o outro do outro.

CODA

Memória...

"Aquilo que não é lembrado nunca existiu"
Você já ouviu essa frase?
É um questionamento interessante, não acha? Como qualquer frase sucinta, ela peca pelo excesso de simplicidade ao descrever uma ideia complexa. Mas te convido a explorar comigo as origens dessa frase. Praticar a engenharia reversa. Pegar a frase pronta e tentar ver cada tijolo de ideia que compõe sua estrutura.

"Aquilo que não é lembrado nunca existiu."

O que essa frase quer nos transmitir? Algo como "o grito que não tem ninguém para escutá-lo vale o mesmo que grito nenhum?". Talvez, mas não só isso. Essa frase nos fala de memória, tempo, atemporalidade, imortalidade.

"Tudo ele devora,
Aves, feras, flora
E árvores,
O aço ele corrói,
O ferro mordisca
A rocha dura vira comida."
O HOBBIT – J. R. R. TOLKIEN

Tempo. *Kronos. Frey.* Grande inimigo do homem. Com ele empregamos todo o nosso conhecimento, usamos a medicina e a tecnologia a fim de alongá-lo, a fim de tentar enganá-lo.

Atemporalidade ou imortalidade: essa é a única maneira – ao menos a única que conheço – que temos de realmente fraudar, de engambelar o tempo que nos devora. Se o tempo tudo devora – aves, fera, flora – por que é que alguns de nós se tornam imortais, atemporais? Beethoven, Bach, Dante Alighieri, Gandhi, Gengis Khan...

Só há uma resposta: memória, fragmento de consciência guardado no inconsciente... São imortais pois são lembrados, são lembrados e por isso são imortais.

"Aquilo que não é lembrado nunca existiu."

Quer dizer que aquele seu antigo amigo de infância que nunca teve grandes ambições, que provavelmente irá morrer na mesma cidade onde nasceu, quer dizer que esse seu antigo colega, ao morrer, terá sua existência esquecida, anulada? Quer dizer que o grito sem ninguém para escutar não é grito, e sim silêncio?

Talvez sim. Mas talvez não possamos levar isso tão ao pé da letra. Seu ex-colega, mesmo não sendo um Mozart ou um Freud, com certeza deixou algo e é lembrado por alguém. O grito, mesmo sem ninguém para escutá-lo, foi pronunciado.

Por um lado, é certamente prepotente da nossa parte acreditar que o que não foi registrado em nossas fontes, sejam elas escritas ou orais, não tem valor algum. É muita prepotência acreditar que um som, um gesto, um átimo que seja que não foi percebido por nenhum dos integrantes da nossa espécie não tem valor algum. Até porque não somos só nós que acumulamos histórias, "memórias". As árvores o fazem, os muros o fazem, o ar o faz.

Por outro lado:

"Aquilo que não é lembrado nunca existiu."

Se retornarmos ao exemplo de seu ex-colega de classe, veremos que independentemente de ter, sim, deixado alguma memória, sua existência há de ser esquecida mais cedo ou mais tarde. Mas não se deprima, pois até Mozart, Freud e Hitler hão de ser esquecidos um dia, por mais que vivam cinco mil anos a mais que seu amigo do ensino fundamental.

Mas chega de pensar nos outros! De que forma saber se Mozart, ou Freud, ou Hitler, ou seu amigo são ou não imortais irá te ajudar, daqui a uma hora, quando chegar em casa e tiver que cuidar de seus filhos ou encarar aquela briga com sua mulher / seu marido, ou chegar na faculdade, ou na escola, e tiver que estudar para aquela prova para a qual não se preparou ontem, pois passou o dia na internet? De que forma saber se Mozart, ou Freud, ou Hitler, ou seu amigo são ou não imortais irá te ajudar a lidar com seus próprios temores e maravilhas?

Bem... vamos pensar:

"Aquilo que não é lembrado nunca existiu."

Quem é você? Ou melhor... quem foi você? Com seus 8, seus 10, seus 15, seus 20, 22, 25, 30, 40, 60 anos? Quais eram seus sonhos? Quais eram suas maravilhas, quais eram seus temores? Você se lembra de quem foi aquele garoto que está nos braços de sua mãe naquela foto de família pendurada na sala?

Se não se lembra, busque se lembrar, pois

"Aquilo que não é lembrado nunca existiu."

Se não é você a lembrar de si mesmo, quem é que o fará?

Dica: escreva; tenha um diário; uma agenda; um diário em vídeo; um blog; um vlog; um caderno de anotações; um álbum de fotos! Qualquer coisa que o valha, qualquer coisa que te ajude a registrar quem você está sendo hoje para que amanhã saiba quem foi.

E o que isso tem a ver com Antônio? Bem, Antônio é...

< 157 >

Para aqueles que têm curiosidade de saber tudo que ocorre na criação de um livro... Aí vai um gostinho de todo o carinho que colocamos no nosso trabalho. Essas duas imagens são os primeiros esboços da capa, pela minha GRANDE amiga Manoela Lages.

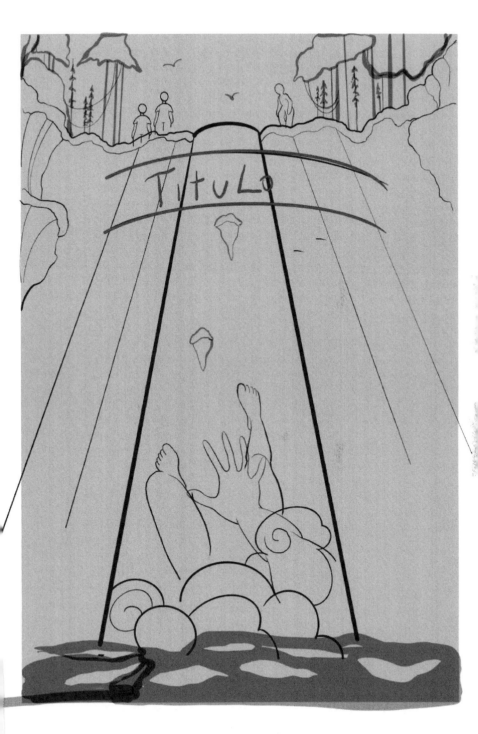

Este livro foi composto com tipografia Adobe Garamond
e impresso em papel Avena 80 g/m².